杭州优秀传统文化丛书

Hangzhou Youxiu Chuantong Wenhua Congshu

掬月流香

王海侠 ——— 著

杭州出版社

图书在版编目（CIP）数据

掬月流香 / 王海侠著 . — 杭州 : 杭州出版社，
2022.1
（杭州优秀传统文化丛书）
ISBN 978-7-5565-1708-4

Ⅰ . ①掬… Ⅱ . ①王… Ⅲ . ①湖泊—文化史—杭州
Ⅳ . ① K928.43

中国版本图书馆 CIP 数据核字（2021）第 278739 号

Ju Yue Liu Xiang

掬月流香

王海侠　著

责任编辑　王妍丹
装帧设计　章雨洁
美术编辑　祁睿一
责任校对　魏红艳
责任印务　姚　霖
出版发行　杭州出版社（杭州市西湖文化广场32号6楼）
　　　　　电话：0571-87997719　邮编：310014
　　　　　网址：www.hzcbs.com
排　　版　浙江时代出版服务有限公司
印　　刷　天津画中画印刷有限公司
经　　销　新华书店
开　　本　710 mm×1000 mm　1/16
印　　张　16.5
字　　数　203千
版 印 次　2022年1月第1版　2022年1月第1次印刷
书　　号　ISBN 978-7-5565-1708-4
定　　价　58.00元

序 言

文化是城市最高和最终的价值

我们所居住的城市，不仅是人类文明的成果，也是人们日常生活的家园。各个时期的文化遗产像一部部史书，记录着城市的沧桑岁月。唯有保留下这些具有特殊意义的文化遗产，才能使我们今后的文化创造具有不间断的基础支撑，也才能使我们今天和未来的生活更美好。

对于中华文明的认知，我们还处在一个不断提升认识的过程中。

过去，人们把中华文化理解成"黄河文化""黄土地文化"。随着考古新发现和学界对中华文明起源研究的深入，人们发现，除了黄河文化之外，长江文化也是中华文化的重要源头。杭州是中国七大古都之一，也是七大古都中最南方的历史文化名城。杭州历时四年，出版一套"杭州优秀传统文化丛书"，挖掘和传播位于长江流域、中国最南方的古都文化经典，这是弘扬中华优秀传统文化的善举。通过图书这一载体，人们能够静静地品味古代流传下来的丰富文化，完善自己对山水、遗迹、书画、辞章、工艺、风俗、名人等文化类型的认知。读过相关的书后，再走进博物馆或观赏文化景观，看到的历史遗存，将是另一番面貌。

过去一直有人在质疑，中国只有三千年文明，何谈五千年文明史？事实上，我们的考古学家和历史学者一直在努力，不断发掘的有如满天星斗般的考古成果，实证了五千年文明。从东北的辽河流域到黄河、长江流域，特别是杭州良渚古城遗址以 4300—5300 年的历史，以夯土高台、合围城墙以及规模宏大的水利工程等史前遗迹的发现，系统实证了古国的概念和文明的诞生，使世人确信：这里是古代国家的起源，是重要的文明发祥地。我以前从来不发微博，发的第一篇微博，就是关于良渚古城遗址的内容，喜获很高的关注度。

我一直关注各地对文化遗产的保护情况。第一次去良渚遗址时，当时正在开展考古遗址保护规划的制订，遇到的最大难题是遗址区域内有很多乡镇企业和临时建筑，环境保护问题十分突出。后来再去良渚遗址，让我感到一次次震撼：那些"压"在遗址上面的单位和建筑物相继被迁移和清理，良渚遗址成为一座国家级考古遗址公园，成为让参观者流连忘返的地方，把深埋在地下的考古遗址用生动形象的"语言"展示出来，成为让普通观众能够看懂、让青少年学生也能喜欢上的中华文明圣地。当年杭州提出西湖申报世界文化遗产时，我认为是一项需要付出极大努力才能完成的任务。西湖位于蓬勃发展的大城市核心区域，西湖的特色是"三面云山一面城"，三面云山内不能出现任何侵害西湖文化景观的新建筑，做得到吗？十年申遗路，杭州市付出了极大的努力，今天无论是漫步苏堤、白堤，还是荡舟西湖里，都看不到任何一座不和谐的建筑，杭州做到了，西湖成功了。伴随着西湖申报世界文化遗产，杭州城市发展也坚定不移地从"西湖时代"迈向了"钱塘江时代"，气势磅礴地建起了杭州新城。

从文化景观到历史街区，从文物古迹到地方民居，众多文化遗产都是形成一座城市记忆的历史物证，也是一座城市文化价值的体现。杭州为了把地方传统文化这个大概念，变成一个社会民众易于掌握的清晰认识，将这套丛书概括为城史文化、山水文化、遗迹文化、辞章文化、艺术文化、工艺文化、风俗文化、起居文化、名人文化和思想文化十个系列。尽管这种概括还有可以探讨的地方，但也可以看作是一种务实之举，使市民百姓对地域文化的理解，有一个清晰完整、好读好记的载体。

传统文化和文化传统不是一个概念。传统文化背后蕴含的那些精神价值，才是文化传统。文化传统需要经过学者的研究提炼，将具有传承意义的传统文化提炼成文化传统。杭州在对丛书作者写作作了种种古为今用、古今观照的探讨交流的同时，还专门增加了"思想文化系列"，从杭州古代的商业理念、中医思想、教育观念、科技精神等方面，集中挖掘提炼产生于杭州古城历史中灵魂性的文化精粹。这样的安排，是对传统文化内容把握和传播方式的理性思考。

继承传统文化，有一个继承什么和怎样继承的问题。传统文化是百年乃至千年以前的历史遗存，这些遗存的价值，有的已经被现代社会抛弃，也有的需要在新的历史条件下适当转化，唯有把传统文化中这些永恒的基本价值继承下来，才能构成当代社会的文化基石和精神营养。这套丛书定位在"优秀传统文化"上，显然是注意到了这个问题的重要性。在尊重作者写作风格、梳理和

杭 州 风 景
HANG ZHOU

讲好"杭州故事"的同时，通过系列专家组、文艺评论组、综合评审组和编辑部、编委会多层面研读，和作者虚心交流，努力去粗取精，古为今用，这种对文化建设工作的敬畏和温情，值得推崇。

人民群众才是传统文化的真正主人。百年以来，中华传统文化受到过几次大的冲击。弘扬优秀传统文化，需要文化人士投身其中，但唯有让大众乐于接受传统文化，文化人士的所有努力才有最终价值。有人说我爱讲"段子"，其实我是在讲故事，希望用生动的语言争取听众。今天我们更重要的使命，是把历史文化前世今生的故事讲给大家听，告诉人们古代文化与现实生活的关系。这套丛书为了达到"轻阅读、易传播"的效果，一改以文史专家为主作为写作团队的习惯做法，邀请省内外作家担任主创团队，组织文史专家、文艺评论家协助把关建言，用历史故事带出传统文化，以细腻的对话和情节蕴含文化传统，辅以音视频等其他传播方式，不失为让传统文化走进千家万户的有益尝试。

中华文化是建立于不同区域文化特质基础之上的。作为中国的文化古都，杭州文化传统中有很多中华文化的典型特征，例如，中国人的自然观主张"天人合一"，相信"人与天地万物为一体"。在古代杭州老百姓的认知里，由于生活在自然天成的山水美景中，由于风调雨顺带来了富庶江南，勤于劳作又使杭州人得以"有闲"，人们较早对自然生态有了独特的敬畏和珍爱的态度。他们爱惜自然之力，善于农作物轮作，注意让生产资料休养生息；珍惜生态之力，精于探索自然天成的生活方式，在烹饪、茶饮、中医、养生等方面做到了天人相通；怜惜劳作之力，长于边劳动，边休闲娱乐和进行民俗、艺术创作，做到生产和生活的和谐统一。如果说"天人合一"是古代思想家们的哲学信仰，那么"亲近山水，讲求品赏"，应该是古代杭州人的生动实践，并成为影响后世的生活理念。

再如，中华文化的另一个特点是不远征、不排外，这体现了它的包容性。儒学对佛学的包容态度也说明了这一点，对来自远方的思想能够宽容接纳。在我们国家的东西南北甚至是偏远地区，老百姓的好客和包容也司空见惯，对异风异俗有一种欣赏的态度。杭州自古以来气候温润、山水秀美的自然条件，以及交通便利、商贾云集的经济优势，使其成为一个人口流动频繁的城市。历史上经历的"永嘉之乱，衣冠南渡"，"安史之乱，流民南移"，特别是"靖康之变，宋廷南迁"，这三次北方人口大迁移，使杭州人对外来文化的包容度较高。自古以来，吴越文化、南宋文化和北方移民文化的浸润，特别是唐宋以后各地商人、各大商帮在杭州的聚集和活动，给杭州商业文化的发展提供了丰富营养，使杭州人既留恋杭州的好山好水，又能用一种相对超脱的眼光，关注和包容家乡之外的社会万象。这种古都文化，也代表了中华文化的包容性特征。

城市文化保护与城市对外开放并不矛盾，反而相辅相成。古今中外的城市，凡是能够吸引人们关注的，都得益于与其他文化的碰撞和交流。现代城市要在对外交往的发展中，进行长期和持久的文化再造，并在再造中创造新的文化。杭州这套丛书，在尽数杭州各色传统文化经典时，有心安排了"古代杭州与国内城市的交往""古代杭州和国外城市的交往"两个选题，一个自古开放的城市形象，就在其中。

"杭州优秀传统文化丛书"在传统和现代的结合上，想了很多办法，做了很多努力，他们知道传统文化丛书要得到广大读者接受，不是件简单的事。我们已经走在现代化的路上，传统和现代的融合，不容易做好，需要扎扎实实地做，也需要非凡的创造力。因为，文化是城市功能的最高价值，也是城市功能的最终价值。从"功能城市"走向"文化城市"，就是这种质的飞跃的核心理念与终极目标。

2020 年 9 月

（单霁翔，中国文物学会会长）

竹素园诗意卷（局部）

目 录

杭
州
风
景

H A N G

Z H O U

第三章

渴望飞翔的灵魂

引 言

　　叶嘉莹先生认为词和很多传统文人一样，具有"弱德之美"——在约束和收敛之中，以隐忍、婉曲、和缓的方式坚守自我、完成自我。自然风物中，水的精神特质与"弱德之美"最为契合。

　　山是大地的骨骼，水是大地的血脉。对于传统文化底蕴深厚、行走在水上的城市——杭州而言，那些潺潺的溪流、奔泻的飞涧、涌动的清泉，掬月含词韵，流香动诗情，它们从古旧的时光里出发，漫过历史烟云，漫过悠长岁月，携带着造物之美，携带着杭州独有的气息，引领我们抵达诗词的意境，品阅永世鲜活的古老文化。

　　杭州大地是一方织锦，条条溪流是经纬彩线，其中，西溪是最为独特的存在——虽名为溪，但不只是一条溪，而是一群溪，更是一片湿地、一个区域。由此，我们有理由为它安排专属的章节。

　　事实上，杭州的溪、涧、泉，就像漫天繁星、满园春花，杭州溪、涧、泉背后的风物美学与人文故事，远非一本书所能承载。但即便只是碎珠片玉，也同样能映射千万种光芒。

　　溪岸、涧下、泉边，总有人的故事在发生，然后又逝去，那么近，又那么远。因为有人的进入，风景才有了生命。因此，本书中的溪、涧、泉，更多的是作为一种背景而存在，这是它们最合宜的位置。这并不意味着它们不重要，正因为不同背景的变换，故事才摇曳生姿，滋味浓厚，色彩斑斓。

　　就像一叶落可知秋，读词能观照宇宙人生之浩渺，大雅境界的进入，原是通过小词字句的具象入口才得以达成。因而，从某种意义上来说，品读杭州的溪、涧、泉，亦是在品诗词、阅人世。由此，我们会更加敬畏自然，学会对宇宙万物谦卑，也会对传统文化中"天人合一"的理念有更深刻的体悟。

　　当光阴的流水从心上漫过，留在生命里的，将更珍贵。

第一章

隐秀涵容武林西

刘勰在《文心雕龙》中，用"隐秀"一词，将自然之美与文化之道联系起来。周膺、吴晶所著的《西溪湿地的文化与历史》一书，为"隐秀"一词在现实中找到了参照——西溪。同时，这本书还提出西溪具有"涵容"之美，不仅包含丰富多样的山水生物元素，还具有如水网般密集纵横、包容阔大的历史文化。这是对西溪个性气质的精准命名。让我们回溯西溪历史的源头，将目光聚焦于"西溪"一词最本真的含义——一条名叫"西溪"的溪流，然后再将视野放大，去看看西溪湿地范围内的相关溪流，看看那些山色水光的倒影里，涌动、映照过怎样的历史文化与传说故事。

西溪：柳陌花街，三桥卧波

现在人们常说的西溪，是指那一片水网密布的绝美湿地。西溪湿地就像一幅壮阔丰美的画卷，需要一个探寻的引子，或者说是美的脉络，才能被我们具体感知。不妨就从那条叫作西溪又别名沿山河、西溪河的河流开始说起。

这条河流的美是无边的。且不说它两岸峰青如黛、梅枝横斜、竹影婆娑、芦花飞雪、茶香氤氲，也不说它所经之处史迹遍布、古刹林立、诗书浸染、民俗独绝，只说那留下古镇内与西溪长久相依相伴的三座古桥，就有无限趣味。

三桥柳陌描青叶，两岸花街入画图

当年，北宋灭亡，宋室南渡，宋高宗虽没能如愿在西溪建皇宫，但一句"西溪且留下"，让杭州多了一个美丽的古镇——留下镇。

在留下，西溪水蜿蜒流淌，史料记载曾有十六座古桥如长虹卧波横跨溪上，这些桥中有三座最为著名，人称"溪市三桥"。溪岸人家临水而居，沿溪遍植柳树，家家栽花种草，人们满怀对美的向往，用勤劳的双手营造出了古桥映波、绿柳依依、繁花满街的生活画卷，遂成就了"三桥柳陌，两岸花街"的西溪胜景。

文人当然不会放过吟咏美景的机会。明释大善编著的《西溪百咏》中有《三桥柳》诗："绿杨夹岸两依依，覆遍虹梁风日微。青叶交浓忘夏至，白花漫散识春归。人家傍树张茅店，鸟鹊乘阴刷羽衣……"

对于花市，《西溪百咏》是这样描绘的："家户芳菲喜不孤，人烟桃李胜西湖。娇欹艳妇留香阁，色映云山入画图。波里鸥凫浴彩影，溪旁蛱蝶戏花须。独怜两岸三桥在，万绿千红一树无。"清代文人大咖陈文述也用诗句点赞"三桥花市"道："三桥多垂柳，浓阴覆雁齿。居民多种花，红香三四里。如游众香国，如入华鬘市。"

那么多的花与柳，流不尽的西溪水，用柔美鲜活映衬着古桥的幽远安静。花柳与清溪，都想听听桥的古老故事。

忠义桥——三桥还道中桥胜，两岸偏言上岸春

"溪市三桥"，两小一大。两座个头小的，分别叫作"庆春桥"和"盈春桥"，唯独中间个头最大的那座桥没有名字，在很长的时间里，人们就叫它"大桥"。

1981 年，留下镇有个叫沈雍方的办事员进行地名普查工作时，觉得"大桥"这个名字太简单草率，与这座古桥精巧的设计、美丽的石雕以及扑面而来的浓烈的历史文化韵味很不相称，便开始查找各种史料。最后在《西溪百咏》里，沈雍方发现了这样的记载："市上三桥惟忠义桥最大，居中虹起，石色光细，盖良工巧心，故与

众桥异，宋孙侯所建也，兄弟恺笃，故名忠义。"后面还附有一首诗："兄忠弟义里中称，又布河梁便市民。云石合门桃浪暖，彩虹跨水化龙新。三桥还道中桥胜，两岸偏言上岸春。昔日淳风扬姓字，只今谁是问桥人？"此外，《西溪梵隐志》《西湖渔唱》《民国杭州府志》等文献中也有类似的记载。

"大桥"原来叫"忠义桥"。随着对忠义桥的了解逐渐深入，人们发现释大善说的"三桥还道中桥胜"是有依据的，忠义桥确实是一座略胜一筹的桥：它年纪最长——建于南宋嘉定十一年（1218），是杭州现存最早的古代桥梁；它独一无二——是杭州唯一一座宋代桥梁；它是妥妥的"国宝"——2019 年入选全国重点文物保护单位。

忠义桥的故事原本可以更加丰富饱满，但我们却无法获知更多，兄忠弟义的细节不小心被遗落在了光阴深处，现代人只能在历史留白处遥望、想象。

忠义桥

不过，历史并不总令人失望，不经意间又会给我们惊喜。1985 年，在第二次全国文物普查中，普查员发现了忠义桥拱券上的题字，部分破损不清晰。东侧拱券石题："鸿因恭为祝延圣寿无疆，文武百寮增崇祝□，风调雨顺，谷果丰登，永息兵戈，万民乐业。"西侧拱券石题："福禄奉为舍钱米，施主报答，四恩三有，各祈如意，嘉定戊寅四月禄□白都千缘僧同于道友等。"

这些文字虽有残缺磨损，却清晰地表达了古代人民造桥祈福的美好愿望，为忠义桥的"身世"提供了有力的证据，也引领我们走进杭州又一古老优秀的传统文化——桥文化。

桥意味着沟通、连接，给人类带来福祉，使人向往、钟爱和赞美。杭州水多，因而灵动；杭州桥多，因而庄严。在独特的水韵背景下，杭州的桥文化内蕴尤为丰厚。

七百多年前，意大利旅行家马可·波罗这样写道："行在杭州，环城诸水，有石桥一万二千座，是世界上最美丽、最华贵之城。"杭州，当仁不让地获得了"中国古代桥都"的称号。

其实早在唐宋时期，杭州的桥文化就已经发展到了很高的水平。宋室南渡之后，杭州作为南宋都城，桥梁随经济一同飞速发展，民间造桥活动也相当活跃。

宋人建桥多出于行善积德、追思故人、报答恩典、祈福消灾，这一理念与民间传统不谋而合，遂形成一种社会风尚，忠义桥就是这种社会风尚的产物。人们让坚硬的石头，变成极具美感的拱月形，在清澈的西溪之上弯成一个诗意的弧度，在为人们生活提供便利的同时，也成了历史文化的优良载体。

经历了八百多年的岁月沧桑，忠义桥安好无恙，桥墙石端头上雕刻的牡丹花依然娇艳盛开，与其说是上苍的护佑，不如说是西溪人家的珍惜。西溪水面曾映照过那些纯朴善良的笑脸，住在桥头的人们将古桥当成自己家庭的一员悉心照料，每天在晨光熹微中清扫落叶或积雪，怀着发自内心的自豪和爱意。

庆春桥——试思每桥皆有名

忠义桥北，庆春桥横卧在西溪的清波之上。

庆春桥这个名字含着春天的明亮喜悦，它的曾用名"金四姥桥"让人一望就知有故事。

据《钱塘县志》记载，南宋建炎年间，有一位人称金四的将军跟随张伯英出战，不幸战死沙场。金四将军的妻子强忍悲痛，护送丈夫的遗骸回到留下故里。

安葬好夫君之后，她仍然不能抑制对丈夫的思念：他在另一个世界里能否安好度日？有什么办法能够让他在冥界得到庇佑？她想到了民间造桥祈福的传统，便捐资为他造了一座桥。她相信每一个从桥上路过的人心里的感恩，会化为对他的祝福。后来，她老了，和他当年一样从人世消失，古桥却留了下来。桥畔年年垂柳依依、飞絮若雪，是对远行之人的祭奠。

为了纪念金四将军和他的妻子，人们把这座桥命名为金桥、金四姥桥。释大善《西溪百咏》里有一首《金桥柳》诗，读来有淡淡的伤感意味："为布虹梁吊武臣，沿堤弱柳过桥春。挂梢斜月偏留客，唼影游鱼不畏人。枝上杜鹃啼战血，叶间花絮忆闺真。人桥姓字依然在，忠烈千秋似隔晨。"陈文述在《西溪杂咏》里也为金四姥桥写了一首诗："将军百战死，阿姥独归家。捐金作功德，桥影卧平沙。桥畔垂杨柳，年年扫落花。"

物换星移，时光如流，西溪水还是那样清澈鲜活，柳陌花街的倒影也似乎并未改变，溪边、桥上走着的人，换了一茬又一茬，金四姥桥又有了新名字——天曹庙桥和庆春桥。天曹庙桥是民间通俗的叫法，因桥边曾建过一座天曹庙。而"庆春桥"这个名字则是被某一位不知名的工匠郑重刻在桥石上的。有意思的是，随着时间的推移，庆春桥居然和杭州另一座桥重名了。

西溪庆春桥

南宋时期的杭州城，东城有一座名叫菜市门的城门，门外是大片大片的菜圃，这里的人们以种菜为生，常担菜到菜市门外的菜市桥边卖菜，所以南宋杭州有"东菜、西水、南柴、北米"之说。

据说明初时，朱元璋手下大将常遇春攻破杭州时，是由菜市门入的城，为纪念这次大捷，故改城门为"庆春"，菜市桥也随之改名为庆春桥。

两座庆春桥让人傻傻分不清楚，后来，人们将菜市桥叫回了原来的名字，留下了"庆春门"，而把"庆春桥"的名字还给了"溪市三桥"之一的那座古桥。

试思每桥皆有名。每个桥名，都是一个故事，一段历史的记忆。

盈春桥——利及万人占既济，德通双岸应中孚

盈春桥在忠义桥南，它娇小玲珑，只有一米多宽，像一个美丽可爱的小姑娘一样依偎着西溪，人们亲切地叫它"小桥"。

盈春桥始建年代已不可考，据可查到的史料记载，盈春桥于乾隆二十八年（1763）重建。1984年，进行了翻修加固，并在桥上镶嵌了"再造盈春桥"刻石。桥南两侧的石刻联"利及万人占既济；德通双岸应中孚"，是对小小盈春桥给人们生活带来巨大福祉的称赞。

盈春桥有十三级台阶，这个数量也是有讲究的。易经中有阳卦奇、阴卦偶的规定，也就是说奇数为阳、偶数为阴。所以古代建筑包括古桥的台阶，大都是奇数。当人们踏步上阶时，踏上第一级台阶的脚，和踏上最后

一级台阶的脚，是同一只。这体现了生命的周而复始、生生不息。

盈春桥下，西溪的水波里，曾流溢着满满的茶香——旧时，盈春桥的西侧，便是著名的茶市街。"溪市三桥"的景致，在青青柳陌、斑斓花街之外，又多了一分茶香四溢。

茶市街所在的留下镇是出入杭州西部的咽喉要地，周边漫山遍野都是龙井茶树，茶市的繁华顺理成章。每到新茶上市之际，全国各大城市的茶商像流水一样涌入，分流进古街林立的茶行，熙攘和喧闹在茶叶的香气和西溪的流水声中蒸腾回荡，彻夜不息。

西溪的水，从远古流淌到了现代，它映照着古桥和桥上走过的无数帝王皇族、将相名臣、婉约才女、热血男儿、文人墨客、隐逸高士、佛门僧侣、烟火百姓……西溪的桥，跨越时间和空间，承载着岁月的沧桑和历史的变迁。溪与桥一起，成了古老文明的见证。

马家坞溪：《秋灯琐忆》
作者蒋坦的"东隐之游"

清咸丰五年（1855）八月二十九日，秋高气爽，蒋坦与黄韵珊、黄梅汝、王珠垣、王伴石等文朋诗友，正走在去往西溪（此处指西溪湿地，以下如果没有特别注明，"西溪"一般都指西溪湿地）的路上。

一行人来到了状元峰下的马家坞。在西溪十八坞中，马家坞独有一种开阔之美，只见一条清溪伴着山路迂回曲折潺潺流淌，溪水倒映着溪边青碧的竹影和青黛的山色，美如画卷。溪随坞名，这条溪就叫马家坞溪。

四周很静，除了偶尔一声鸟鸣，便是溪水流动的声音。在这样的环境里，任是再多的尘俗扰攘也自动消隐后退了，人心变得和溪水一样清澈透亮起来。溪随路转，渐转渐幽深，宝镜似的溪面倒映着不同的景色，随脚步顷刻变换，时时给人惊喜。

看着这美景，蒋坦不由得心想："要是秋芙也能同来该多好！她本就多病，近年来越发虚弱。"山阴才女秦云曾写过一首关于马家坞的诗，其中有"其境贵独得，近观当遐思。不见溪中水，上有为云时"这样的句子，秋芙和诗写道："明月出高树，浩浩金波驰。临深濯华发，此情溪流知。"唱和之间，溪水带给她们的情思像溪流一样激荡人心。当时，像秋芙与秦云这样的才女诗人在杭州诗坛上相当活跃，她们之间常有大量的唱和诗。蒋坦走在溪边，心想："女儿家都是爱水的，若是秋芙此刻也站在溪边，不知会吟出怎样的诗句呢？"

蒋坦和妻子秋芙都是杭州人，夫妻俩都钟爱诗文，生性淡泊，早年蒋坦父母在世时，家境尚好，他们经常外出游览，白云庵、巢居阁、虎跑泉、孤山……处处留下了蒋坦和秋芙游历的足迹。

在历史悠久、人文荟萃、风景如画的西溪，蒋坦家拥有一处别业——槐眉山庄。蒋坦和秋芙都极喜爱西溪的清幽野趣，经常往来于西湖巢园和西溪槐眉山庄之间。故乡的风景，总也看不够。

那个冬日，秋芙见堂前梅花如尘梦初醒一般绽开蓓蕾，便与蒋坦同游西溪。他们去了永兴寺、交芦庵、秋雪庵……当天游览结束回到家中，蒋坦有些困倦，本想早点歇息，秋芙却不依，硬拉他写记游诗，蒋坦拗不过妻子，就提笔写了起来，谁知竟不知不觉写到了天亮。后来，秋芙也写了《秋雪庵》《题西溪芦雪图》等诗篇。

朋友们的呼唤，将蒋坦从遐想中拉回到现实。再向前走，茅草丛中现出一段土黄色的墙，东隐庵到了。

西溪的庙宇庵堂，和西溪的花一样多。马家坞的庵堂庙宇也不少，但到后来留下名字的只有真我庵，尚能寻到遗迹的只有东隐庵和澧庵。

蒋坦眼前的东隐庵，已明显有了破败之相。庵中的老和尚看起来非常苍老，他和蒋坦等人说起东隐庵繁盛

交芦庵图卷（局部）

的往昔，慨叹人事变幻之迅疾，引得众人也唏嘘不已。

东隐庵不远处就是澧庵。蒋坦曾读过顺治年间进士、礼部郎中徐旭龄所撰的《澧庵记》，其中有这样的句子："居斯地者，松涛泻耳，竹浪排窗，清香舞玉片片，飞来俱成佳况。"徐旭龄笔下的澧庵胜景早已不再，眼前的澧庵，庵堂墙壁已经倒塌，到处生满苍绿的苔藓，那口锈绿的大钟也沉寂暗哑，发不出任何声音了，只有壁画上的罗汉仍栩栩如生……

如果说此次与朋友们的东隐之游，让蒋坦深感人世沧桑的话，那么两年之后，他将更深地尝到锥心蚀骨的无常之痛——他深爱的妻子秋芙，在娘家养病期间撒手而去。

蒋坦曾与秋芙约定：将来在花坞、河渚间筑屋隐居，一起潜心向佛，结今世缘，发来生愿——来世若再入人间，亦愿世世永为夫妇。这个誓言，是在佛前经过见证的，但秋芙却失约了。

寂寂长夜，蒋坦细细回忆与秋芙共处的过去，一点一滴，再小的细节也不肯放过，最终写成了《秋灯琐忆》。那些逝去的珍贵时光在他的文字里封存，她与她的爱情也在文字里得到了永生和延续。

秋芙逝后四年，清咸丰十一年（1861），太平军攻入杭州，蒋坦至慈溪友人处躲避，太平军撤走后他又回到杭州。此时的杭州城，战乱的余波仍未平息，本就生活困窘的蒋坦，在太平军第二次攻入杭州前，因饥寒交迫追随爱妻而去。那一年，他刚满四十岁。

当年与友人游马家坞之后，蒋坦曾写过一篇游记《溪山游识》，由此我们才知道，马家坞的山川溪流、草木鸟兽，曾怎样见证过一个古代文人在人生疲累的间隙里放飞灵魂的动人瞬间，而往日的风景在今时又变成了怎样的一种颜色。

似乎什么都在改变，唯有水流和时间一样久远——马家坞的溪水依然潺潺向前，如同被历史遗留下来的文字一样，在光阴里流转千年。

王家坞溪：山水是最好的知音

"是坞有泉皆到水，沿山无处不栽梅"，西溪十八坞，每个山坞之中，竹影在梅香中摇曳，溪泉伴着茶韵流淌；那些星罗棋布的庵堂庙宇、名人墓葬，每一处都藏着一个故事。

西溪是杭州城最富诗意的栖居福地之一。在西溪十八坞之中，最能凸显"诗意栖居"的是王家坞，因为这里长眠着一位用生命写诗的人。

清乾隆十五年（1750），本就名人扎堆的西溪，又迎来了一位文化大咖——厉鹗。五十九岁的厉鹗，决定从此结束坐馆生涯，不再奔波于杭州、扬州两地。他明白，人到暮年，时日无多，该好好安定下来了。往后余生，他只愿与西溪山水共呼吸，永相伴。

厉鹗与西溪的缘，早已开始。当年他住在杭州城的东园，偶然来到西溪，才发现世界上竟还有如此契合自己内心的地方——西溪的清静幽僻、野趣天成，不正像他的清高寡合、不从流俗吗？

厉鹗的脚步，几乎踏遍了杭州的每一寸土地。他像

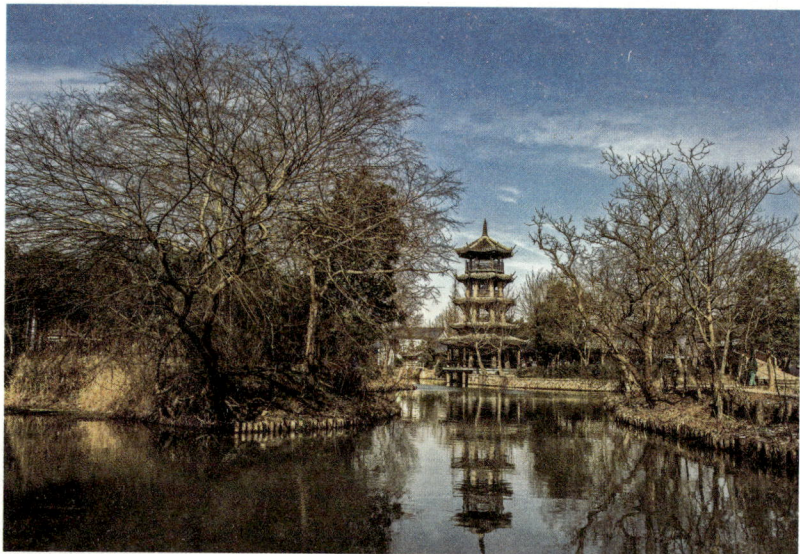

西溪湿地

热爱自己的生命一样热爱着故土，热爱着山水与诗歌。他不出仕做官，不逢迎世故，只愿意用文字表达对自然的深情。在他的诗中，十有八九写的是杭州的山水，而在这些山水记游诗中，写西溪的就占了三分之一。此外，他的别号之一"西溪渔者"，也可证明他对西溪的爱之深。

他无意制造名气，才华是最好的宣传。厉鹗卜居西溪的陋室，常会有人探访，其中除了金农、杭世骏、丁敬、全祖望等著名文人，还有程鸣、华嵒等画家。

厉鹗和朋友们会乘着可坐可眠的瓜皮小船，在绿水青山间随意穿行。芦花似雪、梅影横斜固然值得称赏，蟹村渔舍、鸬鹚滩涂亦别有趣味。有时候，他们也会在山间徒步，去领略更多不曾探索过的美景，王家坞就是他们的探访地之一。

在王家坞口，厉鹗看到一口清澈幽深的泉井，井亭的匾额上题写着"古渊泉"三个字，这是宋代大书法家米芾的手笔。开凿这口井的是唐朝重臣李泌，这位在杭州开凿六井的刺史，内心深处向往修仙隐居，却不得不在现实中担起治国大任。

心念流转之间，厉鹗不由从李泌联想到自己。有人说，同李泌相比，厉鹗避世隐居、游山玩水有些消极，但厉鹗自己知道，他并不憎厌人世，只是爱自然更甚；他并不"丧"，连纯粹的诗人的牢骚也很少发。他的心是向上、向前的，只不过他积极求索的路径埋在诗书之中——他的颇多著述与在文学史上的地位，可为佐证。

进入王家坞，厉鹗发现此处山幽谷邃，坞内那一条溪流水量丰沛，奔流激扬起朵朵银白色浪花，似有无限的生命力正要释放。这多么像他幽闭的外表之下，那一颗激情满满的心！山水果然是最好的知音，尽管人生窘迫，但能在自然的怀抱里得到抚慰，便已是最大的幸福和满足。

其实厉鹗不知道，不但山水懂他，朋友们也是懂他的。乾隆十七年（1752），厉鹗辞世之后，朋友们将他安葬在了王家坞。在那幽深僻静之地，王家坞的溪水日夜奔流，就像厉鹗那颗永远不肯停止跳动的诗心。

顾随先生说："西洋人是自我中心，征服自然；中国人是顺应自然，与自然融合。"这句话印证了中国传统文化中"天人合一"的理念，对此，杭州人体会得更为深刻，而在厉鹗身上体现得最为鲜明。他不与人世对立，只选择与自然融合。他与自然的融合，是在人生的愁苦中完成的，因而他的诗像山水长卷，又有着隐约的哲学意味。"仁者乐山，智者乐水"，仁与智的统一，正是地灵与人杰的相得益彰。

厉鹗的墓地现已寻不到具体的位置，但无妨，他的身形已与西溪的山川草木融为一体，这正是他所期望的化于自然、归于自然。王家坞溪的水面，曾映照过他平和的面容和沉思的眼睛，溪水正像他写下的诗书一样在世间流传。

浸染着墨香的山水清音，是世间最美的乐章。

老东岳溪：泰山神祇信仰的"西溪范儿"

在老底子杭州人眼中，"老东岳"这个地名亲切又让人敬畏。亲切是由于漫长岁月里的陪伴，敬畏则是由于那一份庄严和神圣。这庄严和神圣，来自西溪法华山下的老东岳庙。静静流淌的老东岳溪，也因此染上了几分虔诚和深沉。自古至今，老东岳庙所经历的一切，它都亲眼见证过。

老东岳溪记不清自己已经流淌了多少年，但它清晰地记得与老东岳庙的初见——南宋乾道三年(1167)某日，它正在寂寥中打盹，却见身旁忽然起了一座气势非凡的庙宇，庙中供奉的是泰山神，也就是东岳大帝。

据说东岳大帝是盘古的后代，执掌人间生死尊卑，历来备受崇敬。除了泰山的正庙，东岳大帝在全国各地拥有大量"别庙"，也称"行宫""行祠"，老东岳庙即是其中之一。

岁月漫漶中，老东岳庙一日日颓败下去，但杭州民众的信仰热情丝毫不曾递减，他们仍然执着地前来烧香，祭拜心中的神灵。看着朽坏的梁柱和残破的神像，人们忧心不已。

　　南宋嘉定十七年（1224）左右，朝廷一位宰相捐出了三十万钱，同时向社会发出重修老东岳庙的倡议。一个名叫郑茂公的人站出来主动献出了地皮。

　　郑茂公的先祖为河南荥阳人，后世迁至安徽歙县、浙江金华浦江县。后因浦江流行瘟疫，郑茂公便带着全家搬到杭州西溪法华山下居住。在这片原本荒无人烟的土地上，郑家人勤勉垦荒、辛劳种植，终于安定了下来。听说要重修老东岳庙，郑茂公和家人一致同意献出自家山地以成大事。

　　从南宋嘉定十七年（1224）九月动工，到宝庆三年（1227）三月完工，重修后的老东岳庙威仪整肃地站在法华山下，逐渐吸引了杭州乃至全国香客的目光。作为老东岳的土著，郑茂公的后代在将土地出让给庙宇之后，也成了老东岳庙的集体接力守护者——平日里，他们和平常人家一样穿着便服劳作过活，到了春秋东岳祭祀之时，他们便穿上道服，进入庙内参与各种工作。

　　那些日子，真是热闹又忙碌。老东岳春季香会从二月初一持续到四月初八，其中三月二十八日香火最盛、香客最多，因为这一天是东岳大帝的圣诞日。老东岳秋季香会则从六月三十日开始，到七月十五日结束，香火比春季更盛，这也是杭州西湖秋季香会中最为著名的盛会。

　　每逢香会，老东岳的各条山道上，人潮日夜涌动，进山的香客们满心虔诚，前来进香、许愿、还愿，送过世亲人的牌位，总的心愿只有一个——祈福免灾。这些人中不仅有杭州人，还有从上海、苏州、广东等地慕名而来者。不论是什么身份，进庙烧香之前，总要穿戴齐整，绝不能亵渎神明。

在这种情形之下，人与人的距离无形中拉近了。陌生人可以同桌而食，同房而眠，丝毫不会觉得不便，因为心中怀着同样的愿望，就好像一个大家庭似的了。

每年三月二十八日东岳大帝生日，老东岳庙举行的迎神赛会看点十足。迎神赛会开始时，先由威风凛凛的仪仗队开道，舞龙、舞狮、高跷等杂耍表演紧随其后，接下来是提炉队、迎神队簇拥着东岳大帝的神轿一路从老东岳庙出发，行进至新凉亭供奉一段时间后，再原路返回到老东岳庙，迎神赛会结束。

民俗庙会则更接地气，有着浓浓的人间烟火味道。庙会上人们常常挤得水泄不通，扎堆观看百戏表演，比如杂剧、耍词、清乐、蹴鞠、拳棒等等，如果幸运，还可以看到老东岳最有名的目连戏。目连戏又叫劝善戏、太平戏、宗教戏，原本由印度的佛教经文演变而来，西晋年间传入我国，成了一个新剧种。

庙会上还出售各种土特产。清代末期开始，老东岳庙会上开始出现的一种竹编小花篮，迅速成了人们争相抢购的热门商品。这种小花篮采用一种当地特有的节距较长、粗细均匀、富有韧性的竹子，经巧手艺人编织成"元宝篮""圆篮""发篮""竹笼篮""五角星篮"等各种样式，再染上不同颜色，就成了一件件精致又实用的工艺品。

春天，如果有闲暇，喜好自然的人们可以顺便去踏青，在法华山下找一找民间传说中的绝种兰花——那种紫白色的兰花，《西湖志》中称为"荪"。

如此种种，都是在宗教信仰之外，俗世的纯美乐趣。

老东岳溪也许没有想到，老东岳庙的生命力竟然和自己一样顽强。自南宋那次扩建重修之后，老东岳庙在明代得到了两次大规模的改建和扩建，面貌焕然一新，清代因屡遭火灾、兵变而损毁，清光绪二年（1876）得以重建。

尽管灾难重重，老东岳庙还是迎来了它的高光时刻——明代的老东岳庙，已经发展成为杭州规模最大、香火最盛的东岳庙（杭州的东岳庙不止一处，只有法华山东岳庙被称为老东岳庙）；到了清代，老东岳庙成了江浙一带重要的东岳祭祀中心。

老东岳庙于1926年再次重修，后在二十世纪五六十年代被全部拆除，只余庙基遗址和庙前一棵古老的大樟树。

老东岳庙没有了殿堂，但香客们仍然源源不断地涌来。1999年，当地政府在原来的老东岳庙附近建了一个"香火点"，这就是现在人们所称的"老东岳庙"。

老东岳庙和老东岳溪，像一对不离不弃的伙伴，在岁月的磨砺中携手前行，它们让世人看到了杭州民间信仰的坚定和民间文化的兴盛。像永不熄灭的香火、永不断绝的溪水一样，泰山神祇信仰在杭州拥有了生命力满格的西溪范儿。

龙驹坞溪：从天堂杭州到天涯万里

　　西溪龙狮山下，有一个赵山坞。赵山坞又名龙归坞、龙驹坞。一山如屏，将龙驹坞隔为东西两坞，人们称之为小龙驹坞和大龙驹坞。

　　龙驹坞流传着许多关于宋高宗的故事，种种传说故事，宋高宗都是其中光环耀目的主角。这位皇帝在耽溺于杭州的山水之美与生活的风雅之美时，可曾想到，他的臣子中那些热血忠烈之士，目光掠过这人间天堂的美景之时，心中却怀着巨大的忧伤？这些不合时宜的人，列出来是一串长长的名单，有一个叫赵鼎的，其丹心可比岳飞，却在历史上不大为人所注意。

　　当年南宋曾有一段史称"小元祐"的中兴时代，这是南宋历史上少有的辉煌时刻。那时，宋高宗还有着积极向上的追求。被后世称为"南宋四大名臣"之一的赵鼎，是一介文人，也是如王安石一样优秀的政治家。宋高宗欣赏他、信任他，两度任命他为宰相。赵鼎不负所望，竭力主战抗金，大胆任用岳飞等"中兴四将"，还曾对军事提出许多有益的建议，并辅佐高宗御驾亲征，南宋朝廷的士气陡然一振，让宋人惊喜的同时，也引起了金人的恐慌。

赵鼎第二次为相时，秦桧再一次站到了历史前台，一切都改变了。

曾做过金人俘虏的秦桧被放归南宋之后，凭借高明的手段，再度得到宋高宗宠幸。本还有着些许追求的宋高宗被秦桧成功洗脑，渐渐与赵鼎疏远。随着秦桧当上宰相，灾难接踵而至：在秦桧和宋高宗的共同运作之下，南宋与金屈辱议和，国土沦丧，国家颜面尽失，朝中主战派遭到强势打压，赵鼎也被罢免了宰相，下放到泉州任知州。

也许还念着一点旧情，宋高宗后令赵鼎回杭州任洞霄宫提举，也就是管理洞霄宫的日常事务。这个闲散官职适合养老，参与政事的权力几乎被剥夺。

赵鼎再次显示出了他与苏东坡相似的"不合时宜"的个性，他眼见着朝政被秦桧等一众奸臣把持，忧心如焚。将议论、批评时政的话说出口时，他就预料到，这些话终会传到秦桧耳朵里，他也知道，自己的人生从此会更加艰难。

现实印证了猜想，此后赵鼎先后被贬至兴化军（今福建莆田）、漳州、潮州、吉阳军（今海南三亚）。直到去世，他再也没有回到杭州。

西溪湿地

当年在杭州时，赵鼎曾多次来到龙驹坞。站在赵山寺中，他想起这里原是吴越国的将台，是保护杭州的屏障。可南宋的屏障在哪里？当爱国的赤诚被漠视、被打压，当妥协苟安成为习惯、成为主流，这个国家的未来又在哪里？

杭州很美，西溪很美，龙驹坞也很美。可是这美在如今看来，更多的是一种预警——北方同样美丽的山河，正在失去；眼前的美丽风景，也即将失去。可是自己又能做些什么呢？

站在清流潺潺的龙驹坞溪边，赵鼎浮想联翩。溪面看似波澜不惊，实则内里暗流涌动，这多么像一个人深不可测的命运。很多时候，人只是溪里的一粒沙石，被水流带向未知。就像赵鼎自己，他绝不会想到，自己生命的最后是那样的结局。

在潮州度过了五年贬谪生活后，赵鼎被发配到了如今的旅游胜地三亚。当时，那里是真正的蛮荒之地，连最基本的生存都难以为继。六十岁的赵鼎给宋高宗上谢表说："白首何归，怅余生之无几；丹心未泯，誓九死以不移。"不知这话是否会令高宗感动，但秦桧却恨死了这个老头子的倔强，他担心皇帝会再度起用赵鼎，遂收紧了将赵鼎逼上绝路的绳索。

为了不连累他人，赵鼎几乎断了与外界的一切联系，往日的知交故旧也都不敢跟赵鼎来往。但总有人于心不忍，想要主动去靠近、去救助这位耿直忠心的良相。镇守广西的张宗元派人渡海给赵鼎送了一些食物，秦桧得知后，对赵鼎进行了更加严密的监视，并且让地方官每月报告赵鼎是死是活。

"草色芊绵，雨点阑斑。糁飞花、还是春残。天涯万里，海上三年……"写下这首《行香子》词时，赵鼎已经在万里天涯住了三年。他自知生命就像残春，此生再也回不到杭州，空余一腔憾恨、两行老泪，个中滋味，又有谁知？

如果做个纯粹的文人，以写诗填词为生，或许能安然终老，但那不是他的命运。他知道秦桧最盼自己速死，如果不能如愿，便会戕害无辜，那么不如自我了断。

绍兴十七年（1147）八月二十日，绝食多天的赵鼎辞世。离开前，他自撰墓铭"身骑箕尾归天上，气作山河壮本朝"。生命尽头，他仍心系江山社稷。

在他心心念念的杭州，龙驹坞的景色美丽如初，龙驹坞的溪水仍在奔流。这溪水将汇入大海，就如同人的生命归于大化。自然与人的隐秘呼应，自古至今，始终如一。

流香溪：一溪两山度四桥，
十泉十峰花满坞

清康熙五十二年（1713），位于杭州西溪法华坞东山的天隐庵，住进了一位法名叫明开的出家人。

天隐庵本为南宋宗室所建的隐居之所，到清代已破败不堪。有位叫雪清的和尚重建了天隐庵，后有一位叫本真的大师曾在此修行。明开住进天隐庵，感觉身心安然，虽处凡间，却像神仙一般自得自在。

为何会有这样的感觉呢？明开想，一定是因为这片土地的神奇，让他拥有了自净身心的力量。明开曾读过一本名叫《异闻录》的古书，上面记载着古法华坞的神奇传说：

后晋天福年间，一位高僧隐居山中，每日诵读《法华经》。高僧圆寂之后，不修墓冢，不建灵塔，只将遗体安放于两座山峰之间，用石块垒积成堆，时有白云停卧其上，故名"白云堆"。

在高僧埋骨之处方圆十八里，一时间莲花开遍。三天之后，其余的莲花全都萎谢枯死，只有一枝莲花鲜艳如初，盛开了七天。有人掘壤索源，寻找这枝莲花的根，最终发现莲花根生在那位高僧的舌头上。人们遂觉出高僧之不凡，将其称为法华祖师，法华祖师隐居的山坞被称为法华坞。后来，人们在法华坞口的西溪辇道边修建了法华亭。

法华亭不仅是风景的点缀，它还承担着一项慈善功能——为过往行人施茶解渴。古时曾有"西溪九里十三亭"之说，沿西溪辇道，施茶凉亭不胜枚举，法华亭作为其中之一，体现了杭州人乐善好施的品德，也因法华祖师的传说而远近闻名。隐逸之士和问佛修道之人接踵而至，法华坞遂成了梵音袅袅、庵堂林立的清修圣地。不用说，明开也是慕名而来。

闲来无事，明开便尽情徜徉在法华坞的青山绿水间寻幽览胜。

从法华山入法华坞，可看到东、西两山夹峙之间，一条清溪迂回曲折，如盘曲的游蛇，似缠绕的缎带，向山坞深处流去。这条溪的源头是法华泉和梅花泉，一路穿花绕林，携带着大自然各种草木香气流淌而来，故名"流香溪"。

流香溪旁边，就是通向法华坞内的山路。溪与路，时而平行并肩，似倾心交谈，时而相互交错，如欢快嬉戏。走在路上，林翳蔽日，竹影摇翠，各色繁花如星星散落山野，拂面清风带来浓郁的花草香气，耳畔溪水潺潺的流动声、清脆灵动的鸟鸣声、若有若无的钟磬声交汇一处，令人有清绝出尘、如入桃源之感。

明开最喜欢的，就是漫步在流香溪旁的山道上。明开曾读过王献之用生花妙笔描写绍兴山阴道的一段话："云生满谷，月照长空，潭涧注泻，翠羽欲流，浮云出岫，绝壁天悬……"此语一出，山阴道上名士济济，有人甚至认为山阴道是天下最美山道。不过在明开看来，走在流香溪旁感受到的美，并不亚于山阴道。

"一溪水潺潺，界破东西山。二泉深其源，清香足称尊。行运不少歇，流出双龙阙。旋注在西溪，盈渚复盈堤。无情入江海，为欲障幽栖。"这首诗自然而然地从明开头脑里浮现出来，就好像诗句早就埋藏在心里，只等眼前之景来唤醒，便可出口成诵。

从法华坞口向内行进不久，可看到一座古桥横跨流香溪上。这座桥原名叫梵香桥，后被洪水冲毁，别号雪崖主人的文穆禅师重修了此桥，因觉此地古庵众多，颇有禅意，遂取"如入藕花香世界"之意，改桥名为"藕香桥"。

过藕香桥沿流香溪继续向坞内行进，渐行渐幽深。在幽涧深处，流香溪上安静地浮卧着又一座古桥，像一位世外高人，招引着凡人的归隐之心。明开觉得，"招隐桥"这个名字与此桥的风格以及周围的景色很配，取此名再贴切不过。

再向前走，约行至法华坞一半路程时，明开看到一座桥斜跨在流香溪上，这是"梵香桥"。桥上云雾缭绕，桥若隐若现，四周不时响起钟磬之声，回音悠远，让人怀疑是到了仙界。明开曾听人说法华坞最盛时有庵堂三十六座，现如今还有三十一座散布在山坞之中，因这里地处法华坞中心，庵堂最为集中，清梵之音也更密集、更清晰。

所经之处，每一处都美得让人挪不开脚，然而人却总是贪心地想要看到更多不曾看过的风景。在流香溪的

西溪花满坞

引领之下，明开继续向前迈进探索的脚步。

在一处叫作"休庵"的庵堂旁边，又有一座古桥横跨流香溪，桥下两条山径远远向白云深处延伸而去，看不到尽头。若问云起处，深杳无际涯。这座桥因而名叫"问云桥"。

除了流香溪与四桥，法华坞还有十峰、十泉和林林总总的庵堂值得前去探寻。只是听听名字，就让人心醉：十峰——现瑞峰、宝莲峰、一雨峰、多宝峰、长者峰、法螺峰、驯象峰、香花峰、髻珠峰、护龙峰；十泉——法华泉、裂泉、凿泉、梅花泉、蓑衣泉、仰盂泉、一勺泉、源泉、万斛泉、养珠泉；庵堂——开化庵、古梅庵、上乘庵、天泉庵、定慧庵……

这块宝藏之地，仿佛是造物主特别钟情之所。要穷尽多少脚力、目力和心力，才能将这样的美景尽收眼底？明开被大自然的美震撼着、感动着，他不由得想：古往今来，人事有史学家记述，溪山美景也该有传记，不然这美随着岁月流逝减损或者消失，岂不可惜？

接下来的两年时间里，明开一有空就在法华坞内转悠。对于值得记录的风景或遗迹，他白天逐一考证、搜罗资料，夜晚就坐在天隐庵偶轩的书窗下整理、构思，最后将所见、所思、所感凝结成诗句，付诸笔端。

清康熙五十四年（1715），明开终于写完了最后一个字，一部描绘法华坞山水寺庙的诗集就此诞生，每首诗前都有序，是对所咏之景的简明介绍。就像一条丝线穿珠成串，流香溪将山坞之内所有风物、建筑连成一个整体，因此明开将这部诗集命名为《流香一览》。

在《流香一览》的《自序》与《又序》中，明开透露了自己写作此书的目的：想要使后人能够按自己文字的指引寻溪山之胜，即使不能成行，展卷之际也能获得宛在目前、身临其境的感受，让风物之美与文气之盛如流香溪一般源远流长。

后世如明开所愿，法华坞依旧花满山坞，众多文人墨客为此地倾尽才思，因此法华坞又称花坞。流香溪中涌动着的，不但有花草之香、诗书之香，还有岁月之香。

东穆坞溪：戏剧大咖洪昇的
家族史备忘录

　　清康熙年间，戏剧《长生殿》惊艳出世，剧作家洪昇也因此成为热点人物。《长生殿》的思想性和艺术性，在现在看来，都堪称中国戏剧史的高峰。

　　洪昇的过人才气和充足底气来自哪里？答案是家族传承。和钱氏家族一样，洪氏家族也是杭州乃至整个江南的名门望族。一个国家、一个家族的历史如同一个人的命运一样，是一条漫长的河流，溯流而上，才能看清源头。

　　如果洪昇要进行一次寻根之旅，最鲜明的脉络，应该需在现实中找到一条对应的水系——幸运的是，这条水系真的存在，那就是西溪境域内的东穆坞溪。在这条溪流滋养的土地上，有一座莲花山，洪昇的六世祖洪钟，就长眠在那里。

　　明正德七年（1512），曾总领四省军事、修筑燕蓟长城、担任过朝中一品大员的洪钟，放下一切告老还乡。在杭州西溪洪家埭，当时已年近七十的洪钟建了洪府和洪园，开始了与湖山相伴的闲适晚年生活。

为官数十年，洪钟始终有着自己的持守：忠君爱国。但他不是毫无底线、不加辨别的愚忠，在他心目中，最重的不是皇帝，而是底层的民众。在持续的高光与荣耀中，他一直清醒，所以才能在官场险恶中坚持做自己并全身而退。这样的大智慧，一部分来自洪氏祖先的家风传承和家族性格，另一部分来自洪氏一族喜好读书、藏书的悠久传统。

退休后的洪钟并非只知游山玩水的闲人。他看到很多贫苦人家读不起书，仁心与文心合力促使他创建了两峰书院（书院面对西湖边的南高峰和北高峰，洪钟也因此号两峰居士）。两峰书院开办了十一年，很多青年因此获益成才。杭州的诗书气韵，正是由于有许多像洪钟这样的人存在而逐渐形成的。

为了让西溪的老百姓积极锻炼身体，增加生活情趣，洪钟创编了民间武术"十八般武艺"，又发动民众组织

西溪美景入画来

"龙舟竞渡"。"龙舟竞渡"在清代被康熙皇帝御封为"河渚龙舟竞渡"，如今被称为"龙舟胜会"。

退休十年之后，朝廷意欲再起用洪钟，但此时洪钟已是耄耋之年。第二年，也就是明嘉靖二年（1523）四月十九日，洪钟去世。嘉靖皇帝三次派使者前来凭吊，并赐葬东穆坞莲花山。东穆坞的溪水，见证了洪钟身后所受的特殊礼遇——洪钟墓地的神道上，松楸延绵五里，有尊尊石人石马守护，气势非同一般。

洪钟离世后，洪府、洪园也在岁月中消失，但洪氏子弟却人才井喷，在杭州和整个中国仍光芒闪耀。

洪钟的儿子洪澄曾是林逋的粉丝，晚年归乡后于西湖孤山之南筑西溪山庄隐居，并有大量藏书。洪钟之孙洪楩继承了祖父和父亲的藏书传统，在两峰书院、西溪山庄的基础上，建西溪山庄藏书楼、三瑞堂藏书楼。于藏书之外，洪楩还从事书籍刊刻，在杭州开设清平山堂刻书坊，是明代著名刻书家。

洪钟的曾孙洪瞻祖，颇具文才且有军事谋略。他极爱西溪山水，多次倡导和资助西溪湿地的文化建设，比如重修法华寺、浩然院等。对于西溪湿地的文化，他更是进行了深入研究，其所著的《西溪志》是最早的西溪乡土志。洪瞻祖的三个儿子洪吉晖、洪吉臣、洪吉符都以诗文闻名于世，当时人们称赞三兄弟说"城西有三洪，英英文字雄"……当然，洪家的优秀子弟代表也包括清朝的著名戏曲家洪昇。

其实早在南宋时期，洪氏家族就已是"网红之家"，在杭州葛岭也曾有一座洪府，那是宋高宗御赐给杭州洪氏第一代始祖洪皓的宅第。洪皓为南宋重臣，出使金国时因不愿投降而被拘十五年，后因金熙宗得子被赦回国，人称"南宋苏武"。

在北方大漠的苦寒之地，洪皓并没有做一个纯粹的囚犯，他利用一切可能的机会，向金人传播汉文化，同时将自己的所见所闻、所思所感，写成了《松漠纪闻》一书，为汉文化与女真文化的交流作出了很大贡献。

榜样的力量是无穷的。在洪皓的感召之下，他的三个儿子洪适、洪遵、洪迈均成了文化大咖：洪适以文著称于时，好收藏金石拓本，是宋代著名刻书家；洪遵是著名的钱币学家，对医学也颇有研究，有钱币学术专著《泉志》问世；洪迈被后人称为"行走的图书馆"和"高产作家"，著有《容斋随笔》《夷坚志》等许多著作。

在洪适三兄弟之后，洪氏家族在明代迎来又一个鼎盛高峰，洪钟就是其中的灵魂人物。就像一条溪流，无论是涓滴还是波浪，每一个洪氏家族的成员，都在历史学、诗学、金石学、钱币学、版本学、医学等众多领域找到了自己的位置，也为中华优秀传统文化增光添彩。

从某种意义上说，那条小小的东穆坞溪，记载着一个家族的历史，也记载着一个城市、一个国家和民族的文化传承的历史。

西穆坞溪：《西溪百咏》诞生记

"崇祯庚辰重阳日，虚闲道人大善书于安乐山下古福胜庵。"写完最后这些字，七十岁的大善长舒一口气。

就当是送给自己的重阳节礼物吧。心心念念多年的《西溪百咏》终于完成，此生最大的心愿已了。往后余生，可以心无纤丝挂碍地做一个"无事于心、无心于事"的绝俗人了。

窗外，翠竹掩映，梅树的叶子还绿着，花要到雪落时才开。偶尔一声鸟鸣，衬着远处隐约的潺潺溪声，此间幽静，竟似桃源。这里地处西溪西穆坞，那溪声，正是坞内清溪发出的。

已记不清有多少时日枯坐室内奋笔疾书，不曾与人交谈半句。以笔代舌的日子，四周安静得近乎虚无，只有每日里窗外的风声、鸟声、溪声提醒大善自己还在人间。这样的寂静并不令人窒息，反而令人欢喜。三十年前，他不就是因为钟情于这里的清幽深秀而离开杭州南高峰的绿萝庵留在这里的吗？

大善居住的这所古福胜庵，是他当初一手搭建起来的。这片土地上，原有一座建于五代后晋天福年间的福胜庵，宋代有一位名叫渊本澄的僧人重建了此庵，并在周围栽满了梅花，"福胜梅花"从此远近闻名。当年大善第一次来到这里，便觉得：此处可以终老。

人与风景之间的关系，亦如人与人，讲究契合投缘。处处皆是美景、俯拾皆是诗文的西溪，高僧隐士纷至沓来，每个人似乎都在寻找着属于自己的一方山水。大善坚定地选择了安乐山下这一处竹影摇曳、梅林似海的所在。他给自己的三间茅庵取名"溪巢"，在心底，他自比是那一条安静、纯净、与世无争的西穆坞溪，"名利不干怀，财宝不为念，大忘人世，隐迹岩丛。君王命而不来，诸侯请而不赴"（《汾州大达无业国师语》），要做一个超脱、自在的"虚闲道人"。

从万历到崇祯，大明换了天子，大善的"溪巢"也改回了"福胜"古称，但茅庵素壁、僧袍简斋，仍是旧日模样。他的心亦如初时，像西穆坞的水一般空净。若说红尘中还有什么能让他挂怀，只有那些让他念念不忘的风物古迹、前尘盛事。

此前，曾有一部盛行于元代、由宋代遗民所著的诗集叫《西溪百咏》，明天顺年间杭州隐士周谟写了很多关于《西溪百咏》的唱和之作。后因时间久远，原著已难寻确切踪迹，好在这些诗作的传播度极高，一向喜好诗书、热爱自然的西溪人民，将那些诗句熟记成诵，在心中刻成了永不朽坏的诗碑。

虽然无法分清哪些是原作，哪些是和诗，但又有什么关系呢？那些文字共同展示出的西溪之美，早已深入世人之心。大善在被西溪之美深深震撼的同时，也被这样口口传诵的诗句感动着，由此萌生了重著《西溪百咏》

的想法。

　　这个想法在大善心中埋藏已久，只因他是一个出家人，每日忙于经禅之事，就一日日耽搁下来。三十年来，大善的足迹遍布西溪，前人在《西溪百咏》中所写之景，每一处他都亲自用眼、用心品赏过，那些梵刹冢祠、山野林泉，就像一幅幅工笔画留存在心中。有一天，他终于决定放下一切，去实现心中愿望。

　　从晨光熹微到晓星西沉，从春花初绽到飞雪盈门，大善像一尾潜入西穆坞溪水深处的鱼，涵泳在西溪的山水人文之美中。他日复一日不知疲倦地写着、写着，笔墨与纸面相触的刹那，便是他与西溪、与内心的自己对话。世上还有什么事比这更值得做、更让人快乐？

　　经过大善的重新整理和补充，新诞生的《西溪百咏》更像是诗歌版的《水经注》，每一处美景对应一首诗，诗前有简短的注解，或者讲述背景故事，或者介绍民俗风情，或者判明地理方位，完整又丰富的内容，即便从未到过西溪的人，读后也会有身临其境之感。

　　作为出家人，大善在《西溪百咏》中也鲜明地透露了自己的偏好：在附录里，他一改正文一景一诗的体例，写下了《福胜庵八咏》和《曲水庵八咏》。福胜庵是大善自己安身立命之地，他自然怀着别样感情。

　　"晓日浴初出，光凝雪浪形"的安乐山朝岚、"冷艳逐云过，寒香流水来"的梅林香雪小径、"台石平堪卧，诛茅可独栖"的四顾坪、"夜似秋风至，潮疑春水生"的双涧流水、"岁寒偏逞秀，春暖亦能花"的九沙松……他如数家珍，字字含情。

最难忘的，是月色下的西穆坞溪："月明溪色动，孤棹入云深。泛似青天上，还疑皓魄沉。水空开隐思，光漾见人心。烟际渔歌发，芦花何处寻。"（《溪月》）在这样有着禅意空灵的大美境界里，人会心魂俱失，忘了自己是谁。

明版《西溪百咏》惊艳了世人，也惊艳了时光。杭州、西溪流量暴涨，但大善依然静默、低调如西穆坞之溪水，没有人知道他是何时离开这个世界的，人们只是在《西溪百咏》中捕捉到了一个时间节点"明崇祯十三年（1640）"，那是《西溪百咏》完稿后，大善写下《自序》的日子。

由于大善深居简出，世人并不了解大善其他的信息，只知道大善是杭州人，俗家姓魏。他在《溪巢自述》中描述自己的形象是须发飘飘、脊似生铁，这个形象从此定格在历史的时空中。

在西溪的山水之间，似乎总有那么一个出家人，坐在竹窗之下，听着溪声，将美景用诗一笔笔绘来。

桐坞溪：中国版"枫丹白露"的"三陆"往事

在西溪横山，有一个堪称现实版"桃花源"的地方，古时遍植桐树，因此名为"桐坞"。桐坞有里、外之分：外桐坞层峦叠翠、小桥流水，因附近的中国美术学院象山校区、许多艺术大咖的工作室和极富创意的建筑而被视作中国版的"枫丹白露"；里桐坞幽深清绝，是著名的龙井茶产区，曾因六松林以及横山松径、横山草堂、龙潭飞瀑而远近闻名。

在这个美得让人忘记尘世的地方，清澈的桐坞溪不只流溢过诗情画意，也映照过热血悲壮。

明崇祯十七年（1644），大明王朝的生命进入倒计时。李自成攻入北京，崇祯皇帝自缢煤山，后清兵入关。有人灰心失望，也有人不甘放弃，南明小朝廷就在一些忠烈之士的执着中建立起来，福王朱由崧被拥立为弘光帝。此前的皇帝候选人之一、潞王朱常淓来到杭州，继续做他的藩王。

清顺治二年（1645），一个令人悲伤的消息震动了杭州："西溪三陆"之一的陆培，在桐坞自杀了。

　　"西溪三陆"又称"陆氏三龙"，指的是明清之际杭州西溪陆氏望族中的陆圻、陆培、陆堦三兄弟。"三陆"均是妥妥的学霸、文豪：陆圻最大，也是西子湖畔著名文学群体"西泠十子"的"老大"；陆培自小就有文名，年纪轻轻中了进士；陆堦的才华亦不输二位兄长，据说出生时手上有形似"才人"二字的纹路，后成为杭州著名书院万松书院的"校长"。

　　若在太平盛世，"三陆"一定未来可期。但生逢明末乱世，他们被迫成了遗民。和绝大多数土生土长的杭州人一样，"三陆"有着浓重的家国情怀，也严格秉持着中国传统文人的气节，尤其是陆培，他性格最为刚直，有看不惯的，当面就和人怼，也不管对方是谁。

　　崇祯皇帝离世之时，陆培就曾想过殉国，只是因为南明小朝廷的存在，他和许多爱国人士一样，心中还燃着希望。但就在不久前，这个希望破灭了。

　　弘光帝仅仅做了八个月的皇帝，便被清军俘虏，潞王朱常淓被推举为监国，当上了代理皇帝。朱常淓其实非常不愿意当这个代理皇帝，他心中清楚，南明的胜算并不大。禁不住马士英和杭州人民期待的目光，也禁不住嫡母邹太后声泪俱下的苦苦劝说，朱常淓才在极度恐惧和忐忑中仓皇上任。

　　没过多长时间，众人眼中公认的"贤王"朱常淓让所有拥戴他的人失望了——当清军攻至杭州城下，当将士们在与清军拼死厮杀时，这位大名鼎鼎的潞王，竟大开城门、备好酒肉，没有丝毫抵抗便投降了。在有血性的大明遗民的心里，这是比砍头更让人难以接受的事，是奇耻大辱。

也就是这件事，让陆培感觉到失望和痛心。清兵攻打杭州的时候，他公干归来，正在桐坞避祸。潞王降清的消息突如其来，让陆培整个人都蒙了。

朱常涝其实只是个胸无大志的精致利己主义者，他痴迷于琴棋诗画，喜欢留长长的指甲，说话语气温柔，或许他给人留下的谦和贤明的印象正由此而来。但这样的人，是担不起复明大任的。

陆培去到好友陈廷会的住处，一进门就握着陈廷会的手哭着说："我要与你告别了。"陈廷会知道陆培说的是什么意思，想尽办法劝说，但陆培非常坚定，他说："我的死虽然于国无益，但只有如此才能让我心安。"

那一天清晨，陆培写下三封遗书，分别向母亲、兄弟、老朋友辞行。之后，他平静地自缢身亡。桐坞溪的水翻腾起层层波浪，似在为陆培的义举呜咽。

陆圻与陆堦虽未像陆培那样殉国，但都没有在清朝当官，他们用自己的方式，坚守着一颗故国之心。陆圻隐居多年，秘密从事反清活动，后遭文字祸入狱，出狱后不知所终。有人说陆圻到岭南当了和尚，也有人说陆圻到武当山做了道士。陆堦则隐居在西溪河渚的骆家庄，一边奉养老母，一边耕种渔猎、教书卖文。

明末像"三陆"这样忠于故国、坚持士人操守的杭州人还有很多很多，陆培兄弟是其中的典范。从他们身上，我们可以窥见杭州以及中华民族繁荣的秘密——如果我们每个人都能像爱护自己的生命一样爱国爱乡，这世上还有什么力量能够摧毁我们的信念、销蚀我们的情怀，我们的家国如何能不兴盛呢？

直落坞溪：西溪也有五壮士

在很多人的观念中，金鱼似乎现代才有，但明代郎瑛在《七修类稿》中说金鱼"始于宋，生于杭"。

在北宋之初杭州就有金鱼，不过数量较少，是个稀罕物。宋室南渡之后，杭州的金鱼就多了起来。宋高宗很会享受，在宫殿园林里观赏金鱼还嫌不够，就连走在西溪辇道上短暂休息时，也不放过观赏金鱼的机会——西溪直落坞口的金鱼井，就是供宋高宗从皇宫到洞霄宫来回途中怡情观赏之用。

不过，宋高宗在直落坞留下的不只有闲情雅致，还有传说中那一段惊心动魄的往事。

建炎元年（1127），宋徽宗第九子赵构由康王变成了宋高宗。因为极度"恐金"，担心自己像父亲和哥哥一样成为金人的俘虏，他从登上皇位的那一天开始，就准备逃往江南。

这年十月，宋高宗来到扬州，将这里作为政府临时驻地。宋高宗将朝中事务全权交给了朝中大臣，自己只负责做一个优哉游哉的皇帝，整日里不是在宫中吃喝玩乐，就是到宫外游山玩水，全然不顾中原军民正在与金兵拼死血战。

好日子并没有持续多久。建炎三年（1129）二月，金国大将完颜宗翰派兵突袭扬州，宋高宗得到消息时，金兵的前锋已经到达了安徽。宋高宗连夜以最快速度策马加鞭逃出扬州城，后渡过长江经镇江府到达了杭州。

在杭州城，宋高宗是怎样逃脱紧追不舍的金兵的？正史中并没有详细记载，也许逃难的样子比较狼狈，对于堂堂一国之君来说，更是有失颜面，所以史官的笔不知怎样落下。有时候，民间流传的故事，会弥补正史遗落的部分，比如这个"西溪五壮士"的故事。

西溪湿地

那一天，宋高宗在杭州拼命奔逃，不知怎么就落了单，一个人骑马进入了一个美丽、幽静的世界——西溪。

马将宋高宗带进了直落坞，坞内一条清溪蜿蜒流淌，映着岸边的青山草木，如诗如画。宋高宗顾不上欣赏美景，策马狂奔过溪。正当宋高宗想喘口气时，却听见一阵呐喊声，金兵像是从天而降一般出现在溪那边，眼看就要追上来了。

宋高宗狠抽了几下鞭子，疲累不堪的马立刻撒开四蹄飞跑起来。一路上没遇见什么人，只在一处田地里看到五个青年正在劳作。他们看了看宋高宗，就继续埋头干起活来。

路在田边不远处分成了两条岔路，宋高宗选择从左边的路逃离。一路上，宋高宗的心提到了嗓子眼儿，生怕被金兵捉住，可过了好久也没见追兵踪影。宋高宗心想，自己能成功脱险，定是那五人相助。后来，南宋建都杭州，宋高宗特地派人去直落坞找那五人表达谢意，不想他们早已不在人世。

原来，那是一户姓林人家的五个兄弟：林庭雷、林庭雪、林庭云、林庭震、林庭霖。当时他们看到宋高宗，虽然并不知道他就是皇帝，但凭着善良的本性，他们决定帮助这个逃亡者，所以等到金兵追上来的时候，就故意指错路。当金兵发现上了当时，立刻返回将五兄弟杀死在血泊之中。

为了报答林家五兄弟的恩德，宋高宗御封他们为土谷神，西溪人民为他们建起了五座"五方土谷庙"。古时帝王为了祈求国事太平、五谷丰登，常常会去祭祀土地神和谷神。"社"为土神，"稷"指谷神，"社稷"

由此成了国家的代名词。有时候，人们将土神和谷神合祀，称"土谷神"。因为土谷神地位非常重要，所以庙宇遍及天下。

每到元宵佳节，五方土谷庙前热闹非凡，人们放灯、演戏，以各种富有杭州特色的民俗演艺活动来纪念"西溪五壮士"。明释大善《西溪百咏》中有一首《五庙》诗："五方五社几村烟，万姓祈禳大有年。南宋同功埋剑甲，西溪分福祀山川。家家社酒歌尧日，处处春耕喜舜田。欲问英雄昔日事，请看元夜闹灯筵。"

如今，直落坞溪的水依然像当年一样清澈、鲜活。五兄弟义救宋高宗的故事，随溪水在世间流传。西溪，在柔美之外，又平添了一份阳刚义勇之气。

第二章

流动的小令

如果把杭州的水比作宋词，那么大运河是长调，而如拱月的众星般蜿蜒潺湲在丛林山野间的条条溪流，就是流淌的小令，灵动又安静，清透又深幽，自然又精致……

武强溪：陶渊明的灵感之源
与朱熹的方塘悟道

　　杭州淳安县有一条溪流，或许会颠覆人们传统观念中对于溪流安静温柔的印象：它奔流于崇山峻岭之间，左冲右突，时不时来个"S"形的大拐弯，那种磅礴的气势，仿若名家笔下的草书，张力十足。它的名字也颇具阳刚之美——武强溪。

　　事实上，武强溪本身的美是柔与刚的统一———它的内里，融合了无数山泉宁谧的精魂和无数山石峭拔的身姿。有人说"武强"这个名字只是因为溪流流经武强山而来，民间传说则为这个名字染上了一层浪漫、温情的色彩：古时淳安境内有个名叫武强的小伙子，不辞辛劳到南海向观音借来金钥匙打开了封锁的岩洞，洞内的老龙用金犁耙犁出了一条溪流，解决了当地缺水的难题。人们就把这条溪叫"武强溪"。

武强溪畔，现实中的桃花源

　　武强溪从安徽出发，经过漫漫旅途，最终到达千岛湖。历史的风烟里，溪水流经之处，花开叶落，山岭低昂，朝代变换，人事更迭……作为武强溪旅途中的一个站点，淳安中洲因为与《桃花源记》的某种关联而让人印象深刻。

东晋义熙十三年（417），一队人马跋山涉水，从京口（今江苏镇江）出发进入浙江境内，最后在位于今淳安县中洲镇的木连村停了下来。木连村的人们好奇地看着这群不速之客，有人认出了其中一位气宇不凡、精神矍铄的老者："他不就是大名鼎鼎的洪绍吗？"

洪绍的名字，如雷贯耳。他是东晋著名的安西将军洪熙的长子。虽有父亲的光环，但是洪绍可不愿意做一个徒有其表的名门之后。他先是凭自己的实力当上了建威将军、东莱太守，后来追随大将刘裕成功讨伐南燕慕容超，又平定了广州刺史卢循之乱。此后，洪绍的人生一路"开挂"，先后升任明威将军、东南镇尉大使、兵部尚书、金紫光禄大夫。

然而，人生路上，怎可能永远都是高光时刻？当时东晋皇室日渐衰微，而刘裕的权势一日盛似一日。洪绍看出了刘裕想篡夺皇位的野心，但他不愿背叛皇帝去依附刘裕。左右为难之下，洪绍决定辞官归隐以求自保。

以洪绍当时的年纪，选择归隐之地，也必然抱着终老于斯的想法。到哪里去呢？洪绍看中了中洲。这片武强溪畔的土地，确是绝佳的隐逸之地：山清水秀，幽野僻静，安乐和美，民风淳朴，人心和空气一样纯净，出尘绝俗，似非人间。

此后，洪绍和家人就一直生活在这里。二十六年后，洪绍去世，也在当地长眠，陶渊明为洪绍写了墓志铭——洪绍是陶渊明的姑父。

陶渊明的《桃花源记》流传千古，后世对桃花源的原型地多有猜测，众说纷纭。有研究者认为，中洲就是桃花源的原型地。正史中虽无相关记录，但《康塘洪氏

武强溪生态湿地公园

宗谱》记载，陶渊明曾数次来中洲看望姑父洪绍。洪绍所住的木连村，村前有武强溪，村后有陵山，自然环境与《桃花源记》中描述的世外之地非常相似。"武陵"之名，是否就脱胎于此？

或许，当年陶渊明真是因为看到了武强溪畔的中洲，才生发出写作《桃花源记》的灵感。真相已经无从追溯，真正的桃花源在哪里并不重要，重要的是每个人心里都要保有自己的一片桃花源，让自己的心灵有所栖息，精神有所皈依。

瀛山书院，朱熹的头脑风暴

南宋乾道五年（1169），四十岁的朱熹欣然接受好友詹仪之的邀请，踏上了去往瀛山书院讲学的路。同行者中，除了詹仪之，还有湖湘学派代表张栻、婺州学派创始人吕祖谦等，都是文化学术界响当当的人物。

时值金秋，朱熹等人进入淳安境内，走在武强溪边，如行画中：清溪透明如带，蜿蜒于夹杂着红、绿、黄各色树木的山间，天空湛蓝如洗，白云温柔洁净，偶尔一声鸟鸣，更显此间清幽……

朱熹将双手浸在溪水中，溪水冰凉沁骨，朱熹顿觉身心清爽，好水如好书，可荡涤污秽繁杂。再看其他人，一个个也都精神焕发，神情怡然。在这样美的自然里，谁能不感到幸福呢？

到达了目的地遂安马凹里（今淳安县姜家镇郭村），瀛山书院赫然就在眼前，白墙黛瓦的建筑，典雅别致，精巧不俗，有着典型的中国江南风格。这座著名书院是詹仪之的祖父詹安于北宋年间所建。随着时光流逝，詹安作古，北宋变成了南宋，但书院文脉如武强溪水，绵绵不绝。

詹仪之从父亲手里接过重任，开始了詹家第三代讲学传文的接力。詹家本身即为书香门第的代表。据史料记载，仅两宋之际，从瀛山书院走出的詹姓进士就有二十五人，詹姓举人也有十八人，时有"两宋科举，詹姓为最"之说。

詹仪之带着东道主的热情和书院主人的自豪，领众人参观各处：瀛山精舍是书院的讲堂，董陶所是詹安与上蔡学派创始人、心学奠基人谢良佐论道之处，传桂堂为詹安五个儿子科举登第的纪念堂，虚舟斋为詹仪之的书房……

在美景环抱、墨香盈鼻的瀛山书院，朱熹和朋友们谈诗论文、宴游酬唱，度过了一段难忘的快乐时光。更让朱熹惊喜的是，詹仪之家藏典籍丰富，前人先贤的著作自不必说，竟然还有当年谢良佐与詹安讲学论道的语录！友人之间现场进行的思想碰撞与语言交流，与前辈学人通过书籍进行的跨时空精神交流，都令朱熹内心受到震动。他隐约感觉到，自己仿若一只蛹，正跃跃欲试，只待冲破那一层透明的茧，便可如彩蝶展翅而飞。

那一日，天气晴和，云淡风轻，朱熹一个人信步而行，来到了得源亭，亭边是当年书院初建之时开凿的方塘。

这座方形的池塘不过半亩，水质却异常好，就像一块透明度和纯净度都极高的水晶，镶嵌在一片丰茂的草木之间。澄澈平滑的水面像一面镜子，倒映着碧蓝的晴空和洁白的云朵。天光明亮，光线却无时无刻不在变化；云朵看似静止，云影却无时无刻不在变幻。不只天光云影，方塘的"镜面"能容纳更多：天空飞过的鸟影，塘边看风景的人影，塘边的草木之影……晨昏四季、世间之景在这面镜子里会永远鲜活丰美。

朱熹看呆了，不由陷入沉思：区区半亩方塘，却能将世间万象纳于其中，这是由于塘水的澄澈。而塘水之所以如此澄澈，不就是因为那边有活水源源不断地注入吗？朱熹被一股无名的热情鼓舞着，随即吟出一首诗："半亩方塘一鉴开，天光云影共徘徊。问渠那得清如许？为有源头活水来。"

随后几天，朱熹反复吟诵着自己为方塘所作的诗，脑子里却一直在思索做学问的事。突然之间，他豁然觉悟：水有活水源头，方能清流不息，那么人类的思想与文化呢？千百年来，正是因为人们苦苦追索，不断吸取新鲜的精神养料，人类的心灵才会永远保持着思考的活力，人类的文明才能永不止息地向前。朱熹立即将诗的题目题为"观书有感"。

就像闸门被打开，方塘所给的启悟，让朱熹从此得道，思想上有了质的飞跃，才思如泉喷涌，著述不断，最终成为理学之集大成者。

跟随潺潺流淌的武强溪，世人寻觅着陶渊明笔下的桃花源和自己心中的桃花源，更于性灵之外，在朱熹的引领之下，体味、思索着关于水源与文化的鲜活和宏大的命题……

梓桐溪：谁说武则天是唯一女皇

在杭州淳安县梓桐镇，梓桐溪悠然流过，清清的溪水中鱼游鸭戏、水草丰茂，溪边古树婆娑，座座小桥如飞虹横跨溪上，一派和谐安宁景象。谁又能想到，这里很多年前曾走出过一位比武则天还早的女皇帝呢？

唐永徽四年（653）十月初六的夜晚，梓桐溪的水像今日一样静静流淌，梓桐溪畔的一个村庄里，正在发生着一件大事——村里高高的土台上火把通明，一竿大旗迎风招展，旗上赫然写着一个大字"陈"。旗下，一位身着戎装的年轻女子，正在慷慨激昂地讲话。

"乡亲们，我陈硕真从小无父无母，我和妹妹能活下来，全靠大家的接济和帮助。这样的深恩大德，我无以为报。如今朝廷赋税繁重，眼看大家被逼得没有活路，我就心疼得吃不下饭，睡不着觉。为今之计，我们只有一条路可走，我们要为自己做主，这是活下去的唯一希望，大家说是不是？"女子声音洪亮，神情坚毅，眼眸闪闪发光。

台下聚着的，是一大群穷苦农民。他们异口同声回答：

"是！"目光齐齐落在陈硕真身上，好像她就是他们的
方向。

此时唐高宗即位刚满四年。虽说是清明盛世，但天
下总有阳光照不到的地方，国家政策中也有一些不合理
之处，其中之一就是苛捐杂税。江南因物产富庶，被确
定为税收重点区域。这样的情形之下，最苦的是农民，
甚至有人被逼无奈卖儿卖女。人被压迫到极限就会反抗，
民变时有发生，陈硕真的丈夫就是在一次民变中丧生的。

孤苦的陈硕真感觉到自己生存的艰难，更看到广大
乡亲们的苦难。她对官府的横征暴敛义愤填膺，苦苦思
索让大家走出困境的办法。乡亲们的善良仁义，她永世
不忘，总想寻找机会报答。

机会终于来了。有一年，家乡遭遇严重洪涝灾害，
粮食颗粒无收，但官府却丝毫不肯减轻赋税。陈硕真在
一户人家做帮工，她偷偷打开东家的粮仓，以此救济被

梓桐溪与桥

饿得奄奄一息、在生死边缘挣扎的乡亲们。事情败露后，陈硕真被东家关押起来，后被乡亲们合力救出。不久，有人告发陈硕真有谋反意图，她被官府抓捕入狱，乡亲们筹钱买通官府相关负责人，陈硕真这才被放了出来。

出狱后的陈硕真，站在梓桐溪边陷入了深深的思考：如果可以，自己愿意做一个最寻常的女子，在溪边淘菜洗衣，过最平静、最普通的日子，但就连这样简单的愿望竟也不能实现。看看身边人，哪一个不是和自己一样，连最基本的生存都难以为继？她萌生了一个大胆的想法：带领乡亲们起义！

经过这些事，陈硕真在乡亲们的心目中俨然是一位有魄力、有胆气的巾帼英雄，拥有很高的威望，因此一呼百应，很快就集结了一支队伍，力量迅速壮大。

陈硕真的妹妹从小被人收养，长大后嫁给了一个名叫章叔胤的人。妹夫章叔胤听闻陈硕真起义，立即来投靠，后来，当地人童文宝也领着一些人来投靠陈硕真，起义军很快就发展到了数千人。

在人们的拥戴之下，陈硕真自封为"文佳皇帝"，成了中国历史上第一位女皇帝。

陈硕真将章叔胤封为尚书仆射，也就是"宰相"，将童文宝封为"大将军"，仿照唐朝的制度建立起了政权。起义军兵分两路开始了战斗：章叔胤带领人马向东北挺进，很快攻占了桐庐；陈硕真则亲率两千人顺利攻下了睦州（今杭州淳安、建德、桐庐一带）。

起义军声势日益浩大，民众纷纷来投，很快义军就有了数万之众。这对陈硕真无疑是巨大的鼓舞，她亲率大军攻打歙州（今安徽歙县），但由于歙州的唐军早有准备、防守严密，所以没有攻下歙州，只好退守睦州。

为牵制唐军，她派童文宝带兵进攻婺州（今浙江金华），不料童文宝遇到了一个强劲的对手——婺州刺史崔义玄，他长于用兵之道又善于运用心理战术，童文宝的进攻也没有成功。

虽有失利，但起义军的影响日益扩大，唐高宗李治也慌了，派扬州刺史房仁裕与崔义玄联合镇压。在睦州，起义军与唐军进行了最后一次也是最为惨烈的战斗。最终，起义军由于力量悬殊、经验不足、体力透支、供给缺乏等原因渐处劣势。陈硕真和坚守到最后的战友们与唐军展开了白刃战，最终身负重伤，力竭被俘。唐军对陈硕真运用了极具侮辱性的酷刑，但陈硕真始终坚贞不屈，最后英勇就义。

这次起义虽然只持续了不到两个月时间，但影响深远，宋代方腊起义时曾将陈硕真作为榜样来鼓舞士气，我国著名史学家翦伯赞称陈硕真为"中国第一个女皇帝"。直到现在，陈硕真起义的遗迹"天子基""万年楼""文佳岭""尸骨山"仍可追寻。

这些正史遗落的痕迹，散发着最温暖、最明亮的人性之光——从陈硕真身上，我们看到了这个先于武则天而称帝的女子，正如滋养她生命的梓桐溪一般，充满了坚韧不屈的力量。

里商溪：大明第一学霸的
豪华版生日礼物

明成化十九年（1483），杭州淳安芝山（今淳安县里商乡里商村），"吃瓜群众"都在疯传一个新闻：明宪宗给商大人送生日礼物了，还是超级豪华版的！

他们口中的"商大人"指的是时年七十岁的商辂。提起商辂，人人都会竖起大拇指：真是神一般的存在！的确，商辂是大明王朝唯一连中"三元"（乡试、会试、殿试第一）的学霸，这在古代科举史上也是不多见的。

商辂绝非高分低能的书呆子，用现在的话来说，他是全面发展的复合型人才：学问好，堪称"行走的墨池书山"；人品好，正直坦荡、勤俭清廉；能力好，既能带兵、管钱、管人事，在兵部侍郎以及兵部、户部、吏部尚书的职位上干得风生水起，也能担当国之大任，在内阁首辅的位置上兢兢业业一干就是十年。

商辂还具有很高的颜值，身材高大、长相英俊，因此在得中状元、入职翰林院后，被喜欢看脸的明英宗选为展书官，负责公共场合站在御案旁边为自己翻书。

不仅如此，在商辂身上，有着更为优秀的品德质素和稀缺的精神内核。商辂待人温厚平和，宽容大度，但对于大奸大恶之人事，则是另外一种态度。

"土木堡之变"发生时，明英宗被俘，国家生死存亡之际，徐有贞等人为一己之私只想逃跑，只有商辂坚持和于谦站在一起，最终保住了北京城和大明的尊严。后明英宗重登帝位，权臣石亨等人称霸朝廷、肆意妄为，商辂公开反对，最终受到排挤打压，被革职回家。

明宪宗即位后，商辂被重新起用，成了内阁首辅大臣。当时太监汪直把持着特务机关西厂，在朝中胡作非为，闹得朝廷一片乌烟瘴气，其他大臣都敢怒不敢言，只有商辂不怕得罪皇帝身边的红人，也不担心自身的安危，他直接上书宪宗，将汪直的罪状一一列举出来。有了商辂带头，很多忠良的大臣也纷纷附议，宪宗不得不关闭了西厂。但不久之后，已对汪直形成强烈依赖的宪宗又重新开启了西厂，汪直再次得宠。

刚硬的商辂，不但不怕得罪汪直，连在后宫一手遮天的万贵妃也敢拒绝。有一次，万贵妃拿出自己父亲的画像，希望商辂能在上面写一些粉饰的美言，还送来一个超大红包。在万贵妃看来，自己能找商辂是看得起他，但没想到商辂一口回绝，连个商量的余地都没有。

得罪了汪直、万贵妃和另外一些奸佞权臣，商辂自知在朝中处境会愈发艰难，于是请求告老还乡，明宪宗准奏。就这样，六十三岁的商辂回到了故里淳安芝山。

他看到家乡的里商溪还像自己小时候一样流淌，就想起父亲曾告诫他的一句话："人永远要像里商溪一样干净地活着。"他很庆幸，自己在官场多年，心灵还像这里商溪的水一样，未受任何污染。能做的事都做了，往后余生，就这样守着家乡的静美安宁，在溪边看鱼虾相戏，看碧水东流，让生命随流水一道缓缓流逝，无憾无悔。

但退休后的商辂并没有真正闲下来，他尽己所能为家乡做了很多事。公道自在人心，明宪宗自商辂离开后，越发觉得良臣珍贵，因此常常挂怀。这不，他还记得商辂的七十寿辰，并且派人送来了大礼。

"吃瓜群众"围得里三层、外三层，都想看看皇帝送的生日礼物有多么高大上。只见颜色鲜艳夺目、造型精巧多变的宫灯一个接一个，被挑得高高的，向着商家的方向移动，像极了一条五彩的游龙，又像一条流光溢彩的长河。有人专门数了数，整整一百只！

商辂将这豪华版生日礼物拿了出来，和家乡百姓共享。人们特地建了一座花厅，用来悬挂皇帝送给商辂的礼灯，后来又按照礼灯的样式制作了花灯，组成一条长长的龙灯，取名"仁灯"，以颂扬商辂的仁德。

三年之后，商辂安然而逝，"里商仁灯"却一年一年流传了下来。

每年正月十五舞动仁灯"长龙"，已成为当地人生活的一部分。如今，商辂的后人商振洲是里商仁灯唯一传承人，随着里商仁灯入选浙江省非物质文化遗产名录，他的工作也显得越来越重要。坐在存有商辂墨迹的老房子里，用灵巧的双手制作出一只只里商仁灯，这是商振洲最幸福的时刻。

商振洲最开心的，还有每年元宵节看仁灯表演。在简短的祭拜仪式之后，随着烟花散彩、爆竹齐鸣，一条巨龙从古老的祠堂中探出头来。打头阵的是虾灯，后面跟着几百只"梅兰竹菊""寒鹊争梅""荷映红日""凤采牡丹""双龙戏珠"等造型各异的花灯。这些花灯，如果在白天看，只是一些绘有图案的彩灯，但一旦夜晚灯烛亮起，那些鱼鸟花草就仿佛活了起来。此外，神奇之处还在于，这种灯的灯面上的图案并非画上去，而是用针一针一针刺上去的，当灯光透过针孔，仿若点点星光，汇成世间万物的奇异景象，令人叹为观止。

这迷人的灯光，已经闪烁了五百多年，还将继续照亮更多人的心。让人们的心灵像里商仁灯的灯光那样温暖仁爱，像里商溪的溪水那样清澈透亮，或许，这正是商辂想传之后世的东西。

富强溪："方仙翁"传奇

在千岛湖东北，有一条富强溪，又名东源港、进贤溪。和世界上许多溪流一样，富强溪本身的风景也很美丽：溪水蜿蜒清澈，溪中鱼虾聚集，溪边绿柳依依，野花像五彩的群星点缀在如茵草地上，空中偶有一只白鹭飞向蓝天……

但如同世界上没有完全相同的两片树叶和两个人，每一条溪流也是独一无二的。让溪流独具个性的，是溪边曾经生活过的人，曾经发生过的故事。

西汉末年，王莽乱政，有一个叫方望的人不愿依附王莽，与人合力拥立汉平帝的后裔刘婴为帝，事败被杀。方望的儿子方纮为了避祸，举家迁徙到了现在的浙江杭州淳安县。方氏一门从此在淳安扎下根来，抽枝散叶，繁衍生息。

再后来，方纮的儿子方哲带领部分族人将家迁到一片漠漠荒野之中。族人相信方哲的眼光，因为这里有一条美丽的富强溪。有了水，再加上勤劳的双手，他们最终将荒野建设成了一个富饶的村庄，这就是如今淳安县东南部的富文乡漠川村。

落户淳安的两千多年来，方氏后人人才辈出，为淳安文化繁荣和社会昌盛作出了很大贡献。淳安方氏后人中，最传奇的莫过于方纮的次孙方储。

方储在历史上不算太耀眼，但在他生活的东汉，却是名人。他知天文、懂五行，精通占卜之术，既有才学又有胆识。

据说当时汉章帝召文武大臣议事，规定文官站在左边、武官站在右边，方储却既不站左也不站右，就站在中间。众人疑惑不解，只见方储不慌不忙地说："我文武都可以，皇上可以随意任用我。"

汉章帝一听：既然你这么有能耐，那就来检验一下！于是命人拿来一堆缠绕纠结的乱丝，文武百官一个接一个上前，费了九牛二虎之力，没有一个人能将那堆乱丝解开理顺。

轮到方储上场了，只见他一脸淡定，拔出佩剑"唰"一下斩断乱丝，对汉章帝说："这么乱的丝，一定要先斩断然后才能理出头绪！"这番话颇有哲理，这样的举动又显示出了过人的胆识，汉章帝从此非常欣赏方储。

时间一久，朝中难免会有"柠檬精"眼红嫉妒，方储遭遇了一次信任危机：东汉永元五年（93）三月，春和景明，鸟语花香，祭祀天地神灵和祖先后，汉和帝按捺不住，想趁好天气出宫踏青。方储启动大脑中的"天气预报系统"和"天文测算系统"，然后上书给和帝说："最近天气会有变化，请陛下不要随意出行。"

尚书张林是"柠檬精"之一，他对和帝说："今天如此风和日丽，明天的天气又能有多大变化呢？"和帝看看天空，也觉得变天的可能性不大，于是便下令："明日照常出行！"

第二天，皇帝一行人浩浩荡荡出了城，天气和昨天一样，阳光和暖，清风徐送，张林趁机说："这天气，明明很适宜出行嘛！"经他这么一说，和帝很生气，就派人训斥方储说："你不要仗着比别人多懂一点东西就胡乱说话，小心定你个欺君之罪！"

谁知走了没有多久，突然之间狂风大作，乌云蔽天，鸡蛋大的冰雹劈头盖脸地砸下来。和帝与朝中高官都乘坐着车辇，冰雹伤不得身，只可怜了宫女太监、侍从护卫以及路旁看热闹的百姓，一时间他们仓皇奔逃，拥挤踩踏之中，有很多人丧生，更别说因此而受伤的了。

和帝这才明白方储所言不虚，急忙召见，却不料获知一个令人震惊的消息：因为忠心和清白受到误解冤屈，生性刚直的方储，已饮毒酒自尽。

这个故事还有更令人唏嘘的续集：方储的哥哥方俦、弟弟方俨得知方储的死讯，来作最后的告别，突然之间又接到和帝圣旨，要兄弟俩驻守边境。兄弟俩明白这又是尚书张林的主意，大约是想置他们于死地。经过认真思考，兄弟俩决定以死坚守自己的独立人格，坚决不向恶势力低头。最终，方俦、方俨双双自刎。

淳安人民感佩于三兄弟的刚直气节，奉方储为"方仙翁"，并为他建立了祠庙，称其为"方氏神祖"。直到现在，方储的传说还在淳安民间流传，方仙翁庙宇依旧香火不绝。

就像故乡清澈的富强溪水一样，方储兄弟不愿自己纯净的灵魂沾染世间的污秽，宁愿以死保全清白与自尊。这正是传统士人的坚守与倔强。或许，这就是方储"神化"的根由。

因为方储兄弟的故事，漠川开始受到外界关注，前来寻幽思古的人也会有意外发现：除了"魅星舞""麦秆扇制作技艺"被杭州市列为非物质文化遗产外，淳安县非物质文化遗产之一的富文古法土烧酒，据说正是方储的祖先带到淳安并流传下来的。

酒香淳安，溪流大地。富强溪边的传奇，还在不断上演。

赋溪：穿越喀斯特迷宫
去看培风古塔

在杭州淳安县，除了千岛湖，还有一处网红打卡之地——赋溪石林。

赋溪源出青岭，一路向南注入千岛湖。如同名字中的"赋"一样，赋溪融合了文赋的冲淡平和与诗的热烈跳跃，在淳安大地上铺排流淌，演绎出一种时空交错、样貌奇特的山水奇美，赋溪石林即为其中之一。

赋溪石林，这种地理学意义上的喀斯特地貌，正暗合了文学语汇中"沧海桑田"的内蕴。据说在远古时代，赋溪石林所在之处曾是一片汪洋大海，是大地对于内部结构的调整与力量的再分配，才成就了这美妙的景观。

如果说石林的时空交错之感更着重于地理坐标，那么在赋溪所流经的赋溪村，庵堂、古塔，则意味着历史的纵深与人文的荟萃。

赋溪村古时有三座庵堂：如如庵、重棠庵、茅峰庵。在如如庵北，就是淳安著名的培风古塔。通过培风塔，可以了解到我国古老的塔文化。

在佛教传入之前，我国没有塔，也没有"塔"这个汉字。最早的塔出现于印度，后随佛教传入我国。起初，塔只出现在梵音缭绕的佛寺中，用以存放佛经或高僧舍利，后来，塔沾染了更多的世俗烟火气息，民间出于风水方面的考量，常建塔以振兴文运、镇妖压邪。培风塔就是出于这样的目的而建造的。

赋溪村位于赋溪与新安江交汇处，地形开阔，三面环山，独东北（八卦中的"艮"向）空缺，又处于水尾，人们认为风水不佳，有意建塔以期人杰地灵。明万历年间，当地有一位名叫吴天洪的地方官，选定赋溪以北的乌嘴丘为建塔地址，但因众人意见不一，事情就搁置下来。

到了明崇祯元年（1628）四月，在方尚恂的主持下，培风塔终于开工建造。建塔的心愿埋藏在方尚恂心里已整整二十年，如今将要实现，他怎能不激动？

方尚恂是赋溪村最大姓氏方氏后人，聪明又肯努力，成年后考中进士在朝为官。方尚恂在湖南湘西辰阳任职时，曾修建辰阳城墙。后来，与湘西邻近的贵州水西发生边民起义，贵州巡抚王三善在镇压时被假装投降的陈其愚抓住，王三善自杀，朝廷就让方尚恂兼职担负起了王三善原本负责的征运军饷的工作。方尚恂尽职尽责督运军饷，最后却被降职，遂萌生退意，辞职还乡。

回乡后的方尚恂看着清清的赋溪，想起很久前就埋在心里的愿望——为家乡建一座塔，让乡亲们的福泽像赋溪水那样绵长。

愿望很丰满，现实却很骨感。开挖塔基时，阴雨连绵多日不晴，加之地下水不断喷涌，工地泥泞不堪，工人只有一边想办法排水，一边挖掘。二十天后，挖到一丈六尺深，土里露出个形似鳌背的巨石，又花了很多天时间，才彻底将这块巨石起出。

方尚恂没日没夜守在工地上，辛苦操劳倒在其次，真正让方尚恂觉得难以坚持下去的，是人们的众说纷纭：工人中有人埋怨工程量太大，村民中有人认为选址不合适……但即便遇到种种压力，方尚恂也不肯放弃。五年后，培风塔终于矗立在了赋溪之畔。又过了三年，方尚恂再次修葺了塔顶。

为了建好培风塔，方尚恂专门从安徽歙县找来了技艺高超的匠人汪君实、瀱丘、如远。建塔共用砖瓦数量三十八万三千五百多，花费金钱一千四百五十两，其中将近一半都为方尚恂自掏腰包和筹集。

据说方尚恂曾将一千余斤精制茶叶放在了培风塔基内。这又是为何？

原来，在种茶历史悠久的淳安，茶叶不但香醇美味，而且代表着纯洁、高尚和神圣，可以避邪免灾。祭神时，淳安人会在香案上供奉茶叶、大米、黄豆，茶是最重要的供品。古时，淳安人家的姑娘在出嫁当年的春天谷雨日，一定要亲手采摘、炒制四两茶叶，出嫁时用白绸或白帕包好放在怀中，以此祈求平安。

建好的培风塔，七层六面，有着典雅的造型，飞檐斗拱，巍然壮观，很快就成了淳安的地标性建筑。一位叫作王蛟的诗人写诗赞道："培成卦位山趋艮，护作金堤水自东。绝顶喜攒云外树，苍烟回罩夕阳红。"

此后漫长的岁月里，塔风塔一直与赋溪相依相伴，直到 1959 年，新安江水库蓄水，赋溪村移民。为保障水库安全通航，历经三百多年风雨的培风塔完成了它的历史使命，被拆除后与赋溪村一起，沉没于千岛湖的万顷碧波之中。

当年自培风塔建好之后，赋溪村方、王两姓人才辈出，连续三代皆有进士，因此有"进士村"之称。方尚恂的家族更是文风昌盛，有"方氏十三作家"之说。

与其说是培风塔改良了赋溪岸边的风水，不如说是方尚恂的精神感召了他周围及后世之人。培风塔虽已沉没，但它所承载的人文历史记忆永远不会消失。

欣赏过千岛湖的澄澈碧透、珠落玉盘之美，惊叹过赋溪石林的钟灵毓秀、天地造化之奇，映照过培风塔的古意盎然、文风朴厚，赋溪用诗意氤氲的流淌，带世人遇见不一样的淳安，不一样的杭州。

下涯溪：建德来处

在如今杭州建德市下涯镇，一条名叫下涯溪的水脉绵绵不绝，从古流淌至今。下涯溪看似不起眼，却见证了历史，见证了建德这个地名诞生的经过。溪畔的孙家村，是三国时期东吴著名大将孙韶后人的聚居地。下涯溪与孙家村，共同诉说着关于建德侯与建德市的悠远往事。

东汉建安十七年（212）十月，曹操为了实现自己称霸天下的梦想，亲率大军南征孙权。曹操的骄傲在军事重地广陵（今江苏扬州）受到了不小的挫伤，打了好几个月，居然没有任何战绩。

伤害性不大，侮辱性极强。曹操对手下说："你们谁知道东吴那边的广陵太守孙韶是个什么来头？"有个明底细的赶紧站出来说："这孙韶是吴郡富春人，原本姓俞，从小跟着伯父俞河生活。俞河受到孙权之兄孙策器重，获赐孙姓，俞韶也就成了孙韶。"

曹操有点不耐烦："说重点，我想知道的是他究竟有什么能耐，居然让我们久攻不下？"那人不慌不忙，娓娓道来："孙韶自小跟随伯父东征西讨，很有一番胆识。孙韶十七岁时，孙河被叛将杀害。孙韶镇定自如，收拢孙河余部将其整顿得服服帖帖，并加强防守以备敌人。孙权一看，后生可畏，立刻封孙韶为承烈校尉，统领孙河旧部，后来又把孙韶调到广陵当太守了。"

曹操听他一通啰里啰唆，正想发作，旁边一人插嘴道："属下觉得，孙韶之所以厉害，主要在于他自己发明的兵器。""哦？还有这一手？"曹操顿时来了兴致，瞪大眼睛期待下文。

"孙韶的老家有一种民俗表演——舞牌灯。牌灯是一种长方体的灯，下有一根长木棍做成的灯架支撑。孙韶将牌灯架进行改良制成了牌灯枪。这牌灯枪是用一块五寸宽、半寸厚的硬木板做成的，四周钉满锋利的小铁钉，中间一排钉着三根锋利的大铁钉，下面接上一根三尺多长的硬木棍……"

话还没说完，曹操冷笑道："这么笨重的家伙，能用来打仗吗？"那人接着道："别小看这牌灯枪，攻击面积大，杀伤力特别强。虽然孙韶的兵都是新兵，没多少作战经验，但是有了这兵器在手，咱们的人一攻城就一个个被戳得鲜血淋漓、滚下云梯来，就是命大不死，也难逃断胳膊断腿，所以战斗力损伤特别大。"

这下曹操再不敢小看孙韶了。凭着自创武器"牌灯枪"，孙韶牢牢守住了广陵。有功劳的牌灯也因此沾染了英雄的荣耀——后来，孙韶的后人每年正月都会组建孙家牌灯队，高高擎着牌灯舞遍村镇，以纪念先祖。

曹操大概不会想到，不但自己吃了孙韶的亏，就连自己的儿子曹丕，也差点被孙韶生擒。

魏黄初二年（221），孙权称吴王，封孙韶为扬威将

下涯之晨

军、建德侯，仍驻守广陵。几年后的一个冬天，魏文帝曹丕想要起兵征讨东吴，带着队伍来到了广陵地界。隔着长江，曹丕看到东吴十余万军士驻扎得整整齐齐，旌旗顺着江岸一溜儿排开，在风中招展。再看自己的军队，战船在冰冻的江水中艰难地航行，严寒的天气也让士气有些低落。曹丕立刻下旨摆驾回朝。

据说接下来的故事是这样的。

孙韶见曹丕要逃，就紧急召集部下准备渡江追杀，可时任都督的徐盛却不同意，孙韶极力争取、再三请求，却不想惹恼了本就对他不满的徐盛，要将孙韶问斩。孙韶部下急忙告知孙权，这才救了孙韶一命。

可令徐盛和孙权没想到的是，好不容易逃脱死罪的孙韶，竟然带着自己的三千精兵偷偷去追曹丕了。

话说曹丕坐在龙舟中刚喘了一口气，突然一阵狂风掀起巨浪，有个叫文聘的手下跳上船背着曹丕就走。直到将曹丕放到一只小船上并来到了一处僻静的港湾，文聘才指给曹丕看，此时的龙舟上尽是孙韶的精兵。原来，那些精兵乘着风浪偷偷潜入水里，想翻到龙舟上生擒曹丕。

"幸而文聘警觉，如若不然……"曹丕正在暗自庆幸，却不料栖身的港湾突然燃起了熊熊大火。原来，孙韶命人在芦苇中泼了鱼油，天气本就干燥，再加上风和鱼油的助攻，霎时间一片火海。曹丕跳下小船，没命地向岸上奔逃。跑了很远，曹丕以为安全了，却不料一阵杀声震天，斜侧面一路人马杀来，为首的正是孙韶。曹真、徐晃等人率领曹军奋起抵抗，最终才将曹丕从险境中救出。

这一仗，吴军大胜，孙韶差点生擒曹丕。孙权虽然没有奖赏孙韶，但心里却更加欣赏孙韶，后来，为了防止魏国入侵，孙权特封孙韶为镇北将军，命其守卫东吴北部边境。孙韶镇守北疆后，因训练有方、爱护士卒，几十年来，北疆固若金汤。孙韶可谓是为东吴立下了汗马功劳。

吴赤乌四年（241），五十四岁的孙韶在任上去世，孙权获悉，痛不能抑，遂下旨吴郡太守在孙韶的家乡富春分设建德县，修建德侯坊。孙韶的后人此后就居住在建德梅城，后因避唐末五代十国战乱，迁居到了现在的建德市下涯镇，久而久之形成了一个村庄，这就是孙家村。

孙家村如隐士般幽僻安静，村前的下涯溪流淌不息，溪水映着村中古色古香的祠堂庙宇、古桥民居，使得这个村庄像从历史中走来一样。村中的富春堂和建德侯庙，记录着孙韶及其后人的历史往事，也记录着如今杭州建德市的前生往事。

芦茨溪：范仲淹两探旷代知己

杭州蒙上苍厚爱，不但山水绝佳，且人文荟萃，历来无数文人雅士在西子湖畔留下佳话，北宋名臣范仲淹也不例外。人们熟知的，是宋皇祐元年（1049）范仲淹任杭州知州时与"人间天堂"的一段情缘。其实在此之前，范仲淹早已与杭州结下不解之缘。

宋景祐元年（1034）正月，因反对宋仁宗废郭皇后，四十六岁的范仲淹经历了从政生涯中的第二次贬谪——被外放至睦州（今杭州建德、桐庐、淳安一带）任知州。经过三个月的长途跋涉，范仲淹拖家带口，终于在四月抵达睦州。

睦州境内，美丽的富春江畔人文史迹众多。范仲淹在严子陵钓台寻幽思古之后，决定在钓台下为严子陵建一座祠堂。新祠堂落成之日，范仲淹视察过后，又一次登上钓台远眺，只见对面一脉黛青色的山峦在洁白的云雾缭绕之下连绵起伏、若隐若现，美得宛若仙境。云山之下，一个小村庄静卧大地，恬淡得仿佛世外桃源。

范仲淹随口问道："那是什么地方？"随员中有人回答："那是'缺唇先生'的故里芦茨村。""哦？那一定要去看看。"范仲淹不顾连日来的疲惫，立刻动身前往。

与严子陵一样，"缺唇先生"方干也是在精神上与范仲淹契合的人。

方干极有才华，尤其擅长写诗。虽生活于日薄西山的中晚唐，但方干的诗歌却有着恢宏峻拔的盛唐气象。范仲淹最喜欢的，是方干描写江南风物的那些诗句，比如"白云晓湿寒山寺，红叶夜飞明月村""竿底紫鳞输钓伴，花边白犬吠流莺"等等。

秀美芦茨溪

　　方干如此优秀，却总是科举不中，主要原因就在于他的缺唇。据说"吟成五字句，用破一生心"的方干小时候就是个"诗痴"，因为得到佳句而欢呼雀跃，不小心摔倒跌破了嘴唇，后来就被人称作"缺唇先生"。负责科举录取的官员也是看脸的，他们觉得如果录用了方干，会被外国人嘲笑中国无人。方干明白这一点后，再也无心功名，后来离开家乡隐居于会稽（今浙江绍兴）鉴湖，终身布衣，直至去世。

　　不知走了多久，范仲淹看到了一条清清的溪流，一座如虹小桥跨溪而过。问了路人，才知过了这芦茨溪，便是方干曾经生活过的芦茨村了。

　　如今方干生活过的地方就在眼前，范仲淹突然觉得自己与严子陵、方干，虽属异代之人，却如同亲切知己。范仲淹羡慕他们两人的高洁隐逸情怀，但却无法做到像他们那样洒脱，因为自己在"处江湖之远"时始终放不下忧国忧民。虽不能至，心向往之，因此范仲淹敬他们、爱他们。

　　听说新任睦州知州范仲淹来到了芦茨村，村民们纷纷簇拥在道路两旁迎接。方干的后人中有一位儒雅的年轻人让范仲淹印象深刻，只见他气宇不凡，举止有礼，应答得体，谈吐之间可见才学渊博。

　　范仲淹非常欣赏这位年轻人，便问其姓名。年轻人说自己是方干的八世孙，名叫方楷，不久前刚刚得中秀才。从方楷的口中，范仲淹得知方氏子弟都严于自律、勤于读书，欣慰之余诗兴大发，于是挥笔写下一首《留题方干处士旧居》诗："风雅先生旧隐存，子陵台下白云村。唐朝三百年冠盖，谁聚诗书到远孙。"之后，范仲淹又特意写下一首《赠方秀才》诗，以示对方楷的鼓励："高尚继先君，岩居与俗分。有泉皆漱石，无地不生云。邻里多垂钓，儿孙半属文。幽兰在深处，终日自清芬。”

范仲淹不知道的是，方干之后，方家仅有宋一代就出了十八位进士。这正是方干将文脉清芬播撒之故。

半年之后，范仲淹接到调令，将前往苏州任职。临走之前，范仲淹在祭拜了严子陵之后，又一次来到了方干故里芦茨溪畔的那个美丽村庄，去向他的旷代知己辞别。

芦茨溪还是那样清澈，静静流淌着。很多年前，方干也看过这样的芦茨溪吧？春天，溪面冰雪初融，春水初生；夏天，溪中水草舞动、鱼戏蛙噪；秋天，溪畔金风送爽、丰庆欢歌；冬天，整条溪流凝冻成哲人的沉思，孕育着又一个新的开始……

范仲淹心里知道这或许是最后一次来访，因此特意在方干住过的房子里留宿了一晚。虽然以后再难有这样的机会以这样特别的方式相处，但令范仲淹感到安慰的是，他将方干的肖像画在了严子陵祠堂东南面的石壁上。此后虽不能亲自祭拜二位先生，但他知道一定有更多的人替他去表达敬意。

那一个留宿于方干故居的夜晚是如此珍贵，以至范仲淹到任苏州后仍难以忘怀，于是他写下一首《依韵酬章推官见赠》，倾吐心中郁积的情思：“姑苏从古号繁华，却恋岩边与水涯。重入白云寻钓濑，更随明月宿诗家。山人惊戴乌纱出，溪女笑偎红杏遮。来早又抛泉石去，茫茫荣利一吁嗟。”

其实，芦茨溪畔，从来不乏文采风流。这方曾被画入《富春山居图》的水土，因严子陵钓台、富春江、白云源和龙门湾等人文景点与自然景观而闻名。除范仲淹与方干外，历史上自南北朝至清代，先后有谢灵运、李白、苏东坡、陆游、李清照等多位名人在此留下数千首（篇）诗文。

山水灵秀与人文风雅，在芦茨溪水中相互交融，激荡得杭州桐庐这一方天地，越发富有画意诗情。

葛溪："金头将军"的时光之旅

明隆庆四年（1570），杭州西南的新城迎来了一位归家的游子——时年五十七岁的方廉，他抛开仕途纷扰告老回乡。

方廉在当地是大名人，少年时便是妥妥的学霸，中了进士以后，担任松江府知府。方廉在松江府修筑了城墙，打碎了倭寇的发财梦，还当地人民以安宁和平。

在朝为官多年、为国为民尽心尽力的方廉，退休后热心于家乡的公益事业，翻新学堂、修建桥梁、编写县志、扶危济贫……闲暇时，他用脚步丈量家乡的土地，将刻在骨子里的热爱一一释放。

走在新城的城墙下，看着那些青灰色的砖石，方廉感慨万千。

新城其实并不新，相反却是从光阴深处走来。

吴黄武五年（226）新城县成立，据南宋《咸淳临安志》记载，唐代徐敬业起兵时在新城修筑了城墙。唐大顺二年（891），吴越王钱镠为保杭州安全，命部将杜棱率东安军修筑城墙。杜稜带领军民历时十月建成城墙，后人称之为"杜稜城""东安罗城"，因此新城又有了个别名"东安"。城墙建好不到三年，淮南军杨行密大举进攻两浙，新城因为有城墙和杜稜的守护而安然无恙。

此后城墙在岁月中逐渐损毁，宋代曾经历了一次大规模的整修，但到了明代也已基本丧失了屏障的功能。明代嘉靖年间，倭寇大举进犯东南沿海，新城也面临危险。当时的新城县令范永龄想重修城墙，就写信给当时在松江任知府的方廉请求帮助。因修筑松江府城墙而火遍全国的方廉，将自己修城墙的经验毫无保留地传授给了范永龄，很快新城的城墙整修完成，新城的屏障又恢复了。

现在，看着城墙高大的身影倒映在清清的护城河面，方廉心里涌起深深的感动和巨大的满足。如果站在远处看，有了城墙的新城就像一朵莲花盛开在碧空下，被松溪和葛溪环抱着，曾有人作诗句"一朵莲花耸碧霄，二水襟带万山朝"来赞美它。

说到葛溪，方廉忽然想起，眼前的护城河也流动着葛溪的水。范永龄还未重修城墙时，有一位名叫吴濬的地方官曾将葛溪的水引到护城河，解决了周围农田灌溉和居民用水的问题。

葛溪是当地的"明星溪流"，它的名字与历史上一位名人有关。葛溪两岸自古风光旖旎、人文荟萃。相传胥口这地方有一座鱼池山，东晋葛洪曾隐居山中炼丹，后来，人们就把流经胥口的那一条溪流叫作"葛溪"。

方廉曾读过一首《葛溪》诗，是北宋嘉祐年间与苏轼、曾巩同登进士的新城诗人许广渊所作："稚川仙化后，溪以葛为名。水激翻空白，潭澄到底清。山多晴倒影，雨过夜添声。月满寒光入，鱼龙患太明。"

方廉钦佩许广渊的文采，也爱极了葛溪。从童年时代开始，他就常常走在葛溪岸边，看溪碧山黛、柳绿桃红、丽日蓝空、月白星明……缓缓漫流的溪水，仿佛生命消逝的过程、历史行进的脚步。沿着葛溪行走，是对故乡的深情凝望，更是一次漫步于时光长河里的溯洄之旅。

方廉听过这样一个传说：先前在葛溪与松溪的交汇处，曾现出青白二色，人们认为有此异象预示着有不凡之人降生，后来新城就出了杜稜和罗隐一武一文两位名人。罗隐是方廉非常喜欢的晚唐诗人，他读过罗隐很多诗文，很欣赏罗隐的盖世才华和锋芒毕露的真性情。葛溪之畔的贤明山上，有专为罗隐建的"昭谏亭"和罗隐碑林。在那里，看着罗隐的雕像，用目光抚摸罗隐写过的一字一句，方廉对罗隐的理解又深了一层。

除了养育过杜稜、罗隐等本地名人，葛溪之畔也迎来过苏轼、陆游等慕名而来的客人。北宋熙宁年间，苏轼担任杭州通判时曾来新城游览，写下了著名的《新城道中二首》，其中一首曰："东风知我欲山行，吹断檐间积雨声。岭上晴云披絮帽，树头初日挂铜钲……"苏轼走过的山道成了"网红"道路，被后世称为"东坡古道"。

与贤明山齐名的舒啸山，山腰处有一块高约数米的石壁，写着"登云钓月"四个形体飘逸的大字，据说这是苏轼的手笔。在石壁上方，是对方廉来说有着特别意义的舒啸亭，亭中所刻的几篇诗词，是朱天球为方廉所作。朱天球是"江南四大才子"之一文徵明的得意弟子，曾在方廉手下任职。原本方廉并不愿将这些赞颂自己的诗词刻在此处，但无奈乡亲们感念他的功绩与恩德，执意如此，他也就只好恭敬不如从命。

葛溪之畔，除了风吟鸟鸣诗诵，还可听到阵阵钟磬之音，钟声来自贤明山下的广福禅寺。广福禅寺始建于北宋淳化二年（991），后由别处迁移到贤明山下。北倚贤明山，面朝葛溪水，山环水绕，被美景拥围的广福禅寺很快吸引了大众关注的目光。方廉还读过许广渊为广福禅寺所写的一首诗："溪光山色照天晴，开豁襟怀远眼明。每日风清生竹韵，有时雨过沸滩声。夷犹水上渔舟逸，奋迅檐前燕翼轻。珍重老僧无个事，坐观群动竞经营。"

站在广福禅寺里，方廉忽然想："不知这样的清梵圣地能否禁受住岁月与风霜？"贤明山、舒啸山与葛溪水似乎从古至今从未改变过，但是建筑像人一样，会在时光里老去。

其实方廉大可不必担心，世间自有深情之人。明天启年间有一位名叫法藏的僧人重修了广福禅寺，后来，人们为了振奋新城的文运，就在寺后的贤明山巅修建了联魁塔。古塔佛寺，相映生辉。

还有一件有趣的事，是方廉所不知道的。生于明末的著名戏剧家李渔在清顺治八年（1651）来新城游览，曾在广福禅寺小住。有着"吃货"和"生活美学家"标签的李渔非常喜欢广福禅寺的素食，吃了由苋菜、茄子、蘑菇、边笋、扁豆、豇豆、丝瓜等共同烧制成的一道菜后，李渔的味蕾被彻底征服，几乎每天每顿都要吃这道菜，他还写下了一篇《苋羹赋》，为此菜点赞。

彼时，距方廉去世已将近七十年。早在明万历十一年（1583）秋天，七十岁的方廉就无疾而终。据说方廉去世之后，皇帝曾赐金头陪葬，所以民间也将方廉叫作"金头将军"。

"金头将军"的时光之旅并未因生命的终结而停止。从古至今潺潺流淌的葛溪，会替他见证后来之事：21世纪，新城变成了杭州市富阳区新登镇；曾在方廉指导之下修建的城墙，仍基本保存完好，这在整个浙江省都不多见；罗隐碑林、"登云钓月"石壁以及广福禅寺都得到了重修……

　　至于葛溪，则变得更美——它像一条莹碧的丝带，串连起了新登、胥口、洞桥、万市四镇，明亮如镜的溪面仿佛电子屏幕，滚动播放着美丽富阳的前世今生……

琴溪：打卡"钱塘江诗路"上的天籁香氛秘境

南朝宋永初三年（422），谢灵运被贬外放。这是坏事，但对于生性喜好游山玩水的资深"驴友"谢灵运来说，也是一次任性放飞自我的机会。在从建康（今江苏南京）去往永嘉（今浙江温州）赴任太守的路上，他可以名正言顺地穿着自己的创新改良版木屐，饱览沿途山水之幽胜。

船过富春江，谢灵运的诗心被点燃：如此绝美山水，难怪严子陵会舍弃官位隐居于此。他开始着了魔一般地写诗，这一写不要紧，一不小心就把自己写成了中国山水诗鼻祖。

另外一个附带的巨大惊喜是，谢灵运因此拥有了和张骞同样的"道路开创者"标签——张骞是丝绸之路的开创者，而谢灵运则是钱塘江诗路的开创者。

中国自古是诗的国度，诗人们一边行走一边吟唱，由此形成了自然风物与历史人文完美融合的"诗路"。"诗路"的主要领地在浙江，钱塘江诗路即为浙江四条诗路之一。满满的诗情沿着钱塘江的江水溯流而上，从杭州出发，经萧山、富阳、桐庐、建德、淳安一直可抵安徽。

有"唐诗西路"美称的桐庐是"钱塘江诗路"上不可错过的精华驿站。

在"钱塘江诗路"上，曾走过一百二十多位唐朝的著名诗人，其中有一位桐庐本土的诗人，是史上澎湖开发第一人，他就是施肩吾。

在今天杭州桐庐县东北的琴溪村境内，有一条美丽奇特的峡谷——琴溪香谷，这里是施肩吾当年读书的地方。谷内人迹罕至，异常幽静，且冬暖夏凉，风景绝佳。最让施肩吾着迷的，是这里的天籁香氛——那一条潺湲清澈的溪流，从峡谷的高处跌落，一路蜿蜒漫流，水与石合奏出悦耳天籁，仿若鸣琴，因名"琴溪"。香氛则来自桂花、樟树以及满谷的花草与风的遇合。

就在这视觉、听觉与嗅觉的盛宴里，出身名门但家境贫寒的学子施肩吾，为着心中的理想而刻苦攻读。每当累了，注意力无法集中之时，他就会静静地听一听琴溪的弹奏，只需片刻，心就静了下来，然后开始继续奋斗。

苦心人，天不负。据说在后来的科考中，施肩吾与好友徐凝同登进士榜，施肩吾是头名状元，于是人们就把他读过书的琴溪香谷称为"状元谷"。

状元及第的幸福喜悦还未完全消散，施肩吾突然发现自己曾不顾一切为之努力的梦想，更像是一个笑话——当时的唐王朝已气势衰微，内乱党争不断，官场愈加险恶黑暗。这样的世界是他适应不了的。人心为何不能像琴溪之水般清透？人心与人心的撞击为何不能像琴溪之声那样和谐美妙？

烦闷至极时，施肩吾会为自己烹一瓯香茶。有着"涤

琴溪香谷森林公园

烦子"别名的茶，让他纷乱的思绪开始明朗起来。人生苦短，何不顺应内心？

他做了个决定，辞去朝廷授予他的江西观察使一职，从入世走向出世，开始实现他多年封存心底的学道炼丹之梦。

很早的时候，施肩吾就听闻洪州（今江西南昌）西山有"十二真人羽化成仙"之说，非常神往，现在无官一身轻，他立刻离开家乡睦州分水（今桐庐分水镇），来到西山游惟观潜心学道。

在西山学道的十几年里，施肩吾常常思念着家乡，想念着那条曾经陪他走过苦读岁月的琴溪。他把对故乡山水的思恋与对知交好友徐凝、白居易等人的牵挂，都

——写进了诗里。除了修道、漫游、写诗之外，他最重要的生活内容，就是对中国本土宗教道教文化进行整理与书写。

几十年光阴倏忽而过，施肩吾已人至暮年。彼时，距唐王朝灭亡不足七十年，战乱频仍，加上苛捐杂税繁重，民众生存非常艰难。施肩吾猛然觉悟，自己必须跳出舒适圈了。早年间，他在琴溪旁安静地读书，以为未来能救世济民，仕途艰险让他选择了避世隐居。修道可供自己安顿身心，但他人呢？他真的只能为自己而活吗？每次回乡看到族人痛苦的脸，他就不安。

终于，花甲之年的施肩吾又做出了一个重大决定——带领族人远赴海峡对岸一处偏僻荒岛。那里虽是蛮荒之地，但没有战乱，没有繁重的赋税，靠自己的劳动就能活下去。在施肩吾的引领下，施姓家族的人们在这个无名小岛上扎下了根，荒岛也因此焕发了勃勃生机，变得美丽富饶起来，引得越来越多的人前来。这个荒岛就是如今澎湖列岛中的一个。

江南水乡，美丽依旧。在海的那一边，常有一个孤独苍老的身影伫立凝望，就连梦里，也都是故土的山水草木。琴溪的水还那样清甜可饮、涓涓不息吗？此处也有水，不过却是腥臊咸涩的海水，风土人情也是陌生的。"腥臊海边多鬼市，岛夷居处无乡里。黑皮年少学采珠，手把生犀照咸水。"（施肩吾《岛夷行》）

有时候，看着海面上来往的船只，望着水中的浮鸥与空中的飞雁，他会想：这一辈子，还能回去吗？心里，他也知道：隔着千里万里的距离，回归，谈何容易？

他终究未能再回到家乡。在海岛上生活了二十多年后，八十二岁的施肩吾在岛上逝去。但历史和诗史没有忘记他，《全唐诗》收录了他一百九十七首诗歌，人们评价他的诗"新奇瑰丽"，格调高雅近似陶渊明。

这样的状元诗人，也自然成了"钱塘江诗路"上一颗闪亮的明星，他穿越时空，和众多文人雅士一起，邀约越来越多的现代人重走唐诗之路，感受诗心若水，不止不息。

昌化溪：游丝书与鸡血石的故乡

　　南宋初年某日，杭州凤凰山皇宫御书房内，宋高宗正在细细品味一卷书帖。侍立一旁的小太监看见皇上两眼放光，面露喜色，对着书帖一再点头表示赞许，便好奇地凑过去瞧了瞧，见卷面的题款上单落一个"说"字。小太监想问却不敢，只得傻傻地跟着皇帝乐呵。

　　宋高宗虽说不太善于当皇帝，但是对于书画艺术鉴赏很在行，平时没事也喜欢写几笔，前代书家的作品看多了，便让人搜罗当朝好书法呈奉欣赏。

　　眼前这幅字，竟是从未见过的：只见全篇皆为中锋用笔，笔画并无常见的提按轻重之变，线条从一而终地匀细纤瘦，更妙的是每一行字从落笔到收笔连绵不断，每个字上下左右四方牵萦，可见是一笔一行、笔不离纸、行云流水一气呵成，远看仿若缕缕轻丝飘逸游移于卷面之上。

　　此时的书坛，北宋有名的书家均已离世，而南宋书家值得一观的作品寥寥无几。这幅独具一格的书帖，让审美疲劳的宋高宗格外重视。

动用专业的书法知识储备一分析，宋高宗更迷惑了：这位书家笔法似以王羲之、王献之父子为范本，秀润温雅有钟繇的影子，连绵飞动又有怀素狂草的气概，其笔画线条的细瘦纤秀却近于先皇宋徽宗独创的"瘦金体"……

这是何人所作？落款为"说"，可是朝臣吴说？宋高宗立即让人去调查，很快便弄明白了，这幅作品正是当朝臣子吴说最近独创的"游丝书"。

吴说，字傅朋，号练塘，家居钱塘之紫溪，人称吴紫溪。紫溪是一条古溪名，也是一个古县名。北魏时期，郦道元曾在钱塘看见一条特别的溪流，溪两岸有长约百丈的紫色磐石，远远望去就像灿烂的朝霞，紫石倒映水中，清清的溪水也似乎变成了紫色。郦道元把这条溪流称作紫溪，记录在了其著名的地理学著作《水经注》中。

吴说生长在紫溪之畔，继承了家族的习书传统，别的孩子还在玩泥巴的时候，他就悟到了书法"筋脉相连"的道理，后来更是广泛搜求历代书法大咖书学理论与碑帖加以研读、揣摩、临习，几十年如一日，书艺日益精进，行书、草书、楷书、榜书各体均擅长。

宋高宗看过吴说各种书体，发现此人确有独创精神，能将行书与草书杂糅写来，浑然一体，别有妙致。宋高宗最喜欢的，是吴说的小楷，在当时属于"一直被模仿，从未被超越"的高段位。高宗也承认，一向被认为最不易写好的榜书，吴说也写得不错，至少比自己的要好。

据说宋高宗一开始对吴说为九里松亭所写的牌匾（书体为榜书）颇为不服，但自己重写了数十次也不满意，最后不得不承认还是吴说的好，就将吴说所书的牌匾填了金字，仍旧张挂在九里松亭的门额之上。

写榜书需要书家具有更大的格局和更足的气势。吴说能融行草于无痕，又能将小楷的娟秀、榜书的磅礴尽力呈现，可见才华是配得上名声的。如今他能独创出游丝书，对于宋高宗来说，惊喜但不意外。书法虽有不同字体，但当书家的学识、功力到了一定程度，就能融会贯通，生发出属于自己的新东西。

在宋高宗看来，游丝书就是草书的"游丝化"。吴说创新这一书体的灵感源于哪里呢？或许，正是由于从小在紫溪水边长大，常常在南屏山上居高俯视，对紫溪于山野之间连绵流动、状如飘带的形象烂熟于胸，吴说才脑洞大开，捕捉到了一个很潮的创意，让线条成为观书者注目的焦点。

不得不承认，吴说融行草于一炉的杂书和游丝书天下独绝，特别是游丝书，别人是学不来的，或许会后继乏人。想到这里，宋高宗觉得有必要为吴说记上一笔，

昌化溪沿溪绿道

后来就在《翰墨志》里写道："至若绍兴以来，杂书、游丝书惟钱塘吴说……"

其实为吴说点赞的不止宋高宗，当时许多文人名流都极其喜爱游丝书，洪适就在《题信州吴傳朋郎中游丝书》中写道："手追心摹前无人，一扫尘踪有新意。纵横经纬生胸中，落纸便与游丝同。缫瓮茧车飞白雪，织檐蛛网破清风。一行一笔相联属，姿态规模骇凡目……"

从古至今，游丝书圈粉无数，就连当代书法大家启功先生也在《论书绝句·七一》里说："草法更能探笔髓，非同儿戏弄游丝。"如今，在故宫博物院等地可看到吴说的行书与草书作品，在日本也藏有游丝书真迹。吴说独创的游丝书，为中国书法艺术宝库增添了一朵亮丽的奇葩，让世人看到了东方传统文化的更多可能性。

博物馆里的中国，不只有书法，还有更多艺术瑰宝值得探寻欣赏，石文化就是其中之一。中国四大名石之一的昌化石，就在吴说的家乡。后世，紫溪改名为昌化溪，昌化溪畔的玉岩山（位于今杭州市临安区），就是昌化石中精品鸡血石的产地。

1999 年，在杭州半山石塘村的战国墓中，出土了一批用昌化石制作的随葬品，其中两把剑饰上刻有鸟虫篆"越王"和"越王之子"的字样，可见早在吴越争霸之时，昌化石的美就引起了人们的注意。宋代，昌化石已有很高知名度。到了元代，画家、诗人王冕将昌化石用于制印雕刻。明代，昌化鸡血石开始成为宫廷和地方官吏的收藏品和礼品。

昌化鸡血石的高光时刻在清代，最热烈的追捧者是乾隆皇帝。一次南巡时，有人进贡了两方昌化鸡血石印材，乾隆见这两方奇石有着鸡血的艳红色彩和美玉的温润质感，顿时激动不已，龙颜大悦，立即封昌化石为"国宝"。此后，昌化鸡血石就成了清朝皇帝、后妃制作玺印的御用原料，有时候皇家也会请雕刻高手用昌化鸡血石制成精美工艺品，以充实皇室收藏。

现在，在昌化溪岸边，建起了一座昌化国石文化城，里面有很多工艺美术珍品，也有不少珍贵的鸡血石藏品，可令世人一睹"国宝印石"的美丽真容。

昌化溪依然像千百年前一样悠然流淌，白鹭翩然飞过溪面，又倏忽消失于远方。美丽昌化的故事，未来会更加精彩。

天目溪：苏轼偶遇"此君"与斗茶神器

　　如果古人有微信，他们会选择什么样的图片做头像呢？很可能，陶渊明会选菊，周敦颐会选莲，而苏轼会选竹。

　　于苏轼来说，竹是静默的知音。若是访友人不遇，在友人的家乡遇到一丛丛青青翠竹，也是莫大的慰藉——这种情怀，类似于汪曾祺所说："如果你来访我，我不在，请和我门外的花坐一会儿……"

　　北宋熙宁七年（1074）八月，时任杭州通判的苏轼来到杭州属县於潜（今杭州市临安区於潜镇）巡视工作、体察民情，顺便也想拜访一下慕名已久却素未谋面的於潜名僧参寥。

　　事不凑巧，参寥外出不在於潜，苏轼有些失望，但他生性豁达，很快便转变了思路——於潜多的是名胜古迹和名刹高僧，听说於潜县城东南的金鹅山有座寂照寺，苏轼便决定前去寻访。

　　一条潺潺清溪横亘眼前，这是因天目山而得名的天目溪。沿着这条溪逆行而上，便可到达天目山。唐代"茶

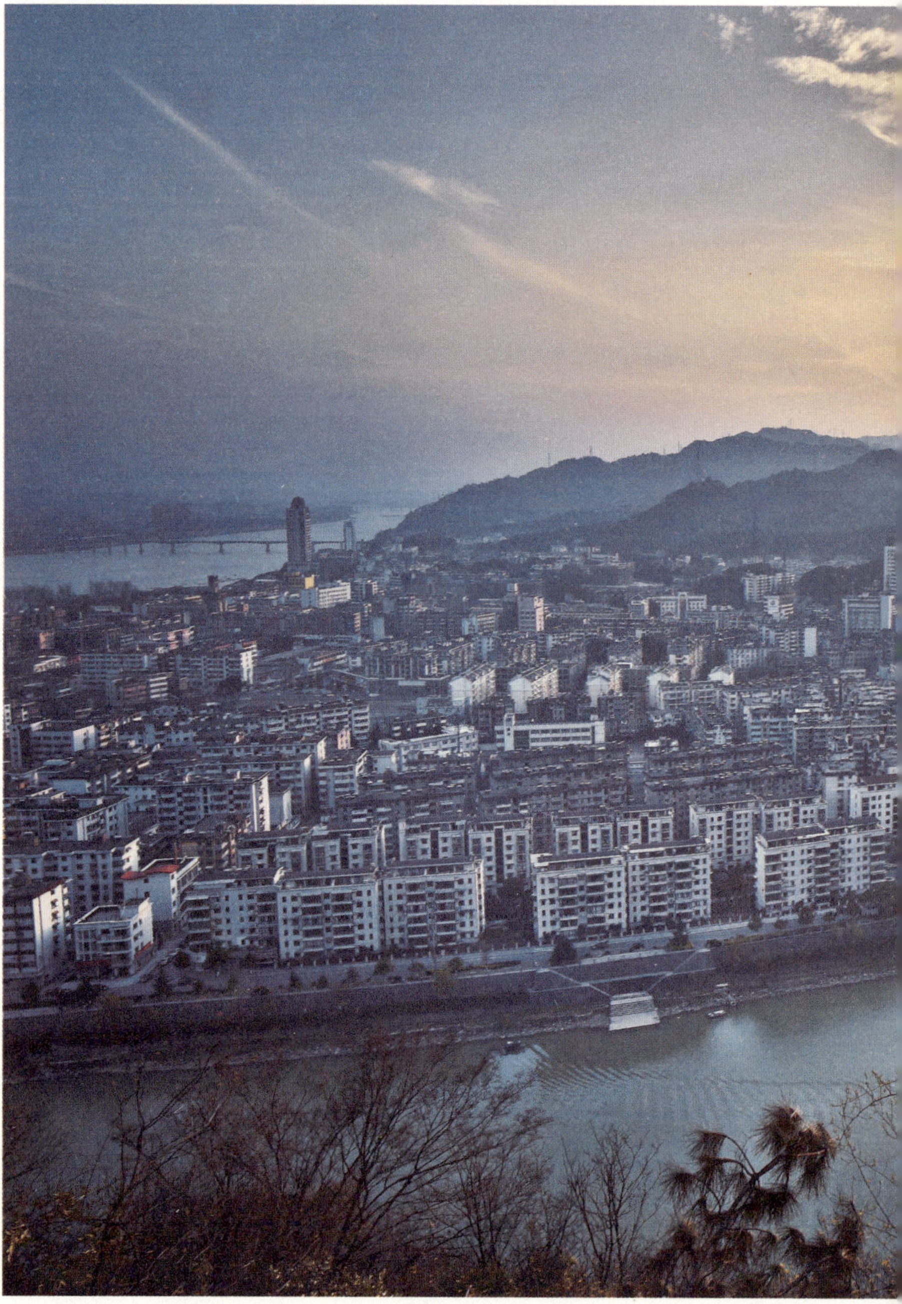

天目溪晚霞

圣"陆羽曾写有一首《描天目》诗，苏轼非常喜爱："悬崖有轴长生画，瀑响无弦成古乐。风摇竹影有声图，雪打梅花无字书。"

过了天目溪，寂照寺已遥遥在望，行不多久就到了寺中。寺僧慧觉热情地接待了苏轼，落座稍事寒暄之后，慧觉带苏轼游览寺院。他们来到了一处僻静的院落，院门上题着"绿筠轩"三个大字。只见院中种满了竹子，一阵风过，竹叶沙沙作响，满目翠色微漾如绿波，这不就是现实版的"风摇竹影有声图"吗？

世人都说东晋的王子猷是"竹痴"，借住人家宅院一进门就要种竹，路过人家见院里有好竹就破门而入，赏完竹后就拍屁股走人。苏轼深深理解王子猷的"痴"，他自己也一直视竹为生命知己。中国文人向来有这样的传统，对于梅兰竹菊有着特殊的感情。在士子心目中，这"四友"不仅仅是具有审美意味的自然风物，更是人格和精神品质的象征。

苏轼想像着当初王子猷在陌生人家的竹下啸咏良久、物我两忘的狂态，也不觉诗兴大发。再看眼前的慧觉，一派仙风道骨、超凡脱俗，这正是整日与竹相伴熏陶出来的气质啊！他当即吟出《於潜僧绿筠轩》一诗："可使食无肉，不可居无竹。无肉令人瘦，无竹令人俗。人瘦尚可肥，士俗不可医。旁人笑此言，似高还似痴。若对此君仍大嚼，世间那有扬州鹤？"

"此君"是王子猷对竹的称谓。"大嚼"的典故出自曹植《与吴季重书》："过屠门而大嚼，虽不得肉，贵且快意。"而"扬州鹤"的典故则出自南朝人殷芸所著的《小说》：四个人一起谈论人生理想，一人想发财，一人想升官，一人愿骑仙鹤做神仙，第四个人的理想属于"集大成"——希望"腰缠十万贯，骑鹤上扬州"。后来，人们就用"扬州鹤"来代指完全合乎理想的事物，也用来比喻不切实际的奢望与空想。

深爱人世的苏轼，也是一枚不折不扣的"吃货"，要不然他也不会自创那么多名垂青史的美食。不过与竹比起来，美食是可割舍的，口腹之欲终究不如精神养料有价值。可惜世间之事往往难以两全，想要保有高洁的心灵，就得放弃世俗物欲之欢，世间哪有十全十美的事呢？人生不就是在泪光中寻觅笑影，在遗憾中偶拾惊喜吗？就像苏轼虽贬官杭州，远离京城，但身居人间天堂，有绝美风景人情养眼养心，并不觉得苦，今日又与绿筠轩的翠竹不期而遇，这难道不是生命中意外的礼物吗？

苏轼不知道，还有"彩蛋"在等待着他。

参观完绿筠轩，慧觉请苏轼在静室喝茶。此茶即陆羽在《茶经》中写过的野生天目山茶。传说天宫御茶园的茶籽散落于天目山，生出了十八棵号为"龙头十八蓬"的野生茶树，后来一棵棵茶树便在天目山漫山遍野生长起来，并出现了远近闻名的"天目云雾茶"和"天目青顶"两个名品。

茶味醇香浓厚，静室之内焚香袅袅，钟磬之声时有耳闻，苏轼此时才真正领略到了"禅茶一味"的妙处。一盏茶下肚，唇齿留香之际，苏轼突然对手中泛着光泽的黑釉茶盏产生了浓厚的兴趣。

"此器可是当地所产？"苏轼早就听闻"天目窑"所产茶器非同一般，故有此一问。

"正是。"慧觉带着自豪的神气笑答道。

天目山周边有着丰富的高质量瓷土资源，因此天目溪畔瓷窑林立，窑火日夜闪烁，一批批色彩、造型各异的瓷器源源不断地从天目溪上的船只或天目溪旁的陆路运送出去。在天目窑出产的瓷器中，最值得一提的是黑釉瓷，这可是斗茶的神器。

斗茶也称茗战，是起源于唐代的一种高雅的茶文化活动。斗茶的参与者，大多为有钱有闲的人士，这些名流雅士拿出自己私藏的顶级好茶，不但比拼茶叶本身的优劣，也在烹茶技艺上一决高下。

到了喜好风雅的宋人手里，斗茶作为最热门、最有品的游戏之一，被玩出了很多新花样，内涵更丰富、更有趣，也更有文艺范儿。除了在斗茶的核心环节点茶时关注汤色和汤花，茶器也开始成为评分项。

在宋代斗茶评委的眼里，茶汤汤色以纯白为上乘，白色茶汤的绝配便是黑釉茶盏，而黑釉茶盏以天目窑所产的"天目盏"为上佳。天目窑所产的黑釉茶盏，有着浑厚凝重的质感美。如果哪位斗茶者能够同时拥有白色的、经久不散的汤花和与之相映生辉的黑釉天目盏，斗茶冠军就稳稳到手了。

可惜苏轼和慧觉都没能看到天目盏作为"国际瓷"的辉煌时刻——南宋时期，很多日本僧人来到天目山学习佛法，将天目盏带回了日本，源自中国的日本茶道，自此多了一种神圣美妙的器物。

一瞬千年。如今，苏轼当年在天目溪旁的巡游已定格成历史画面，天目溪仍潺潺流淌，溪沟中不时现出被溪水冲刷而出的陶瓷碎片——这是天目窑曾经存在的证据，也是天目窑遗留在世间最后的痕迹。

遥想当年的天目溪畔，梵音声声、茶香袅袅，竹林掩映之中，座座天目古窑如卧龙般随山势起伏绵延。在繁华富庶的江南，在泥土与烈火的亲密接触之中，天目古瓷曾承前启后，铿锵行进在成就大美的旅途之中。

东苕溪：两座古塔的爱情

　　五代十国时期，战乱频仍，唯独吴越国显出少有的安宁富足。不过有一段时间，吴越王钱镠却被一件事搅扰得心烦——原来他的一个儿子生病了。听人说余杭县（今杭州市余杭区）有一座山风景优美、非常僻静，很适合养病，钱镠立刻派人将生病的儿子送了去。

　　过了没多久，儿子的病果然好了。老父亲钱镠开心得不得了，于是下令在爱子养病的那座山顶修建了一座塔，取名"安乐塔"，那座山随之被叫作"安乐山"。

　　从那以后，余杭的老百姓一抬头，便能看见安乐塔素净、白皙、修长、挺拔的身影。这种暗蕴着力量的女性美，让人们心里安定。安乐塔高高地矗立着，并不觉得孤独，只是有一点忧伤：这片古老的土地，何时能够真正安乐？

　　传说尧舜时代，这里是一片汪洋，后大禹乘舟而来，在此弃舟登陆，治服了水患，万物生灵开始繁衍生息。再后来，秦始皇在此设置郡县，余杭渐渐发展成物阜民丰的宜居之地，但水患却一直是余杭人心中挥之不去的痛。

世人心中，溪水大多是驯顺温柔的，发源于天目山的东苕溪（湖州境内为西苕溪）却是个例外，它像一个性十足的叛逆少年，在热血奔涌之际总会想要冲出溪岸，在大地上恣意撒欢。过分的释放会带来伤害，东苕溪两岸的人们不堪其苦，却又无法将这顽劣少年彻底制服。

安乐塔看见人们的痛苦，她希望能有一座更强壮有力的塔，来护佑这一方土地和土地上的人们。她等待着，这一天终于在几百年后到来。明万历年间，一位名叫舒兆嘉的县令在苕溪北岸建起了一座塔，这座塔有着雄伟的男性气息，或许可以帮助这条桀骜的溪流收敛一下它的坏脾气。为了纪念舒兆嘉的功德，人们就把这座塔叫作舒公塔。

安乐塔与舒公塔从此隔溪遥遥相望，在漫长的岁月里彼此陪伴，就像一对不离不弃的爱侣。人们把安乐塔叫作天宝塔、雌宝塔，把舒公塔叫作地宝塔、雄宝塔。雌雄双塔从此成为余杭标志性胜景，吸引着越来越多的人来探幽寻美。

北宋名臣赵抃来此游览后，写下一首诗《登安乐山塔》："池有灵泉泉有龙，高僧深隐梵王宫。云林百里如屏障，安乐山西一望中。"站在安乐塔顶，余杭全景尽收眼中。安静下来的东苕溪，是余杭美景中的一部分。每逢秋日，溪两岸遍布芦花，风起之时，芦花如雪漫天飞舞，这又引起了另一位宋代诗人陈若虚的诗情，他在《余杭景》中写道："跋屦溪桥一望中，青山绿水景无穷。芦花两岸晴山雪，苕水一溪春涨红。"

光阴如水，悄然而逝，不觉已是明代后期。七百多岁的安乐塔在风霜雪雨中身形日渐憔悴，随时有可能颓然不起。明代余杭的一位世家子弟董钦，为重振故土文

东苕溪风光

风修建了文昌阁之后，看到在风中摇摇欲坠的古塔，便
对安乐塔进行了重修。重生之后的安乐塔，身高增加到
了七层，头顶上多了一顶尖尖的铁帽子（铁制的塔顶），
看起来更加颀长劲挺、英姿飒爽。

到了清代，有位名叫汪皋鹤的知县看到安乐塔身有
损毁，便出资再次对安乐塔进行了维修。一天黄昏，大
功告成的汪知县看着身处绿树环抱、暮色霞光之中的安
乐塔，突然觉得有种"雷峰夕照"的韵味，他就把安乐
塔称作"小雷峰塔"。这无疑是对安乐塔的赞美，但余
杭人民和舒公塔不答应：杭州人不是把雷峰塔比作老衲
吗？这么说来，我们安乐塔是个小老头儿？要知道，在
我们的眼里，安乐塔是个青春永不老的美女！

舒公塔再雄壮，毕竟也难耐岁月消磨，在日复一日
的风雨剥蚀之下，也渐感体力不支，形容消瘦。好在总
有爱着塔的人，像对待安乐塔一样对待他，使得他与她

的生命同时延续，得以在世间相望相守。

安乐塔与舒公塔，各自独立，心意相通。寂静无人时，他们就用属于自己的"塔言塔语"相互交谈。

安乐塔感谢舒公塔的陪伴，他的出现，让东苕溪乖巧了很多，余杭及东苕溪两岸的水患减少了很多，原来给予人类安乐的，不是她而是他。

舒公塔热烈地回应，说彼此陪伴就是最幸福的事，不必说感谢。至于东苕溪的改变，更不必说感谢，因为并不是自己真的镇住了水，而是伟大的杭州人民用一代又一代的智慧和努力，让自然原始的力量得到了节制，从而让东苕溪的美丽一点点增多，忧患一点点减少。

"你知道西险大塘吗？"舒公塔说，"就是东苕溪右岸的大堤啊！这道长长的大堤位于杭州以西，处于防洪的重要关口，堤塘险要，所以被称为'西险大塘'。西险大塘什么时候建成的？那可比你我的年岁都要老太多了！传说最初是由大禹建造的，后经过汉、唐、宋、明、清……一代代接力修建，成了杭州乃至杭嘉湖平原的西部屏障。你我的存在以及生命的延续，不也同样是因为这些可爱的杭州人民吗？他们无比热爱自然，又善于改造自然，他们理性平和又积极进取，他们充满诗意又脚踏实地……"

安乐塔静静地听着，听着舒公塔激情满满地絮絮叨叨。她陶醉在这寻常又安稳的幸福里，也庆幸自己身在如此福地。

进化溪：美人和英雄的背影

清道光年间，在绍兴府山阴县天乐乡（今杭州市萧山区进化镇）一个名为山头埠的村庄里，一座白墙黛瓦的小院静静隐藏在街巷深处。

小院里，一对中年夫妇坐在石桌边。女人问正在喝茶的丈夫："找到云飞了吗？"男人摇摇头："去祠堂问过先生，说是下学就走了。这孩子，自从跟我打杭州回来，就总是发呆。"女人有点忧虑地说："跑哪儿去了呢？可不敢荒废学业啊！"

其实女人的担心是多余的。此刻，他们的儿子葛云飞，那个身形挺拔的白衣少年，正坐在村前不远处的溪水边望着悠悠流水，内心被一股强烈的感情激荡着。他非但不会从此荒废学业，相反，他痛下决心，一定要好好学习，文武兼修，将来像岳飞一样报效国家。从小他就视岳飞为偶像，虽家境清贫，但他一直勤奋努力，随大人下田耕种之余，他认真地读书、习武，是当地颇有知名度的"宝藏"男孩。

几天前跟随父亲去杭州祭拜岳飞的情形仍在脑海中盘旋，"还我河山"四个大字深深刻在葛云飞的心里，只可惜眼前的大好河山，英雄无法亲见，比如这条美丽的溪流。

据说春秋时期此溪溪岸遍植苎麻，一碧千里。苎麻收获后，人们将收割的麻株或剥下的麻皮浸泡在溪中，用以制作麻纤维，所以这条溪就叫"麻溪"。麻溪两岸峰峦叠翠，一年四季花事不断，且有竹林夏生绿凉、梅海冬飘香雪，人行其间，如入画境。

如此美丽家园，能否拥有永世康宁？

彼时清王朝已进入末世，葛云飞虽身处偏僻山乡，但他胸有大志，喜欢听大人们谈论国事，对国家民族的命运与前途异常关心。当国家遭遇危机时，每一个国民都有责任站出来"捐躯赴国难，视死忽如归"。他忽然想到了西施，那个以一己柔弱之躯助力国家复兴的美丽女子，隔着千年光阴，他却觉得她并不遥远。

她确在近处——顺着麻溪向下游走，过麻溪桥再向西北，那里有她留下的痕迹，是一潭清水。

当年吴越争霸，金戈铁马惊动了在溪边浣纱的年轻女子。女子的美仿佛具有穿透力，隔着山一重水一重，照亮了越国大臣范蠡的眼睛。于是她成为救国计划中的一枚棋子，像一朵山野的花从故土被连根拔起。

作为越国国民，西施没有选择，尽管她与范蠡日久生情，却也不能停下迈向吴国的脚步。相传西施入吴时路过此地，因天气酷热，曾在麻溪桥西北的那个清潭中沐浴，此后那潭被称作"浴美施潭"。明万历年间曾在此建闸，称"浴美施闸"。

后世关于西施的传说遗迹，像春花一般在"浴美施闸"周边遍地开放：苎萝山、浣纱溪、苎萝湖、西施洗脚潭……每一处，似乎都是生命之图的笔画，却无法为我们勾勒一个完整清晰的西施。

西施生于何年，生在何地，最终与范蠡双双归隐还是被沉于湖底，历来没有定论，她只留给历史一个美丽又模糊的背影。当少年葛云飞望着这背影时，他深刻地感受到：一个国家的未来，应该托付给自强的男儿，而不应让弱小的女子来背负。少年强，则国强，强大当从自身开始。

于是，云飞的父母欣喜地看到，他们的儿子比以前更加拼命，读书习字、射箭拉弓，样样不肯落后分毫。于是，少年葛云飞渐渐长成了健壮英武的青年，三十一岁中武举人，三十五岁中武进士，先后任浙江水师守备、游击、参将，直至定海总兵。

道光十九年（1839），因父亲离世，葛云飞回故乡守丧。闲暇时，经常出门到处走走。在一处郁郁葱葱的小山坳里，他发现了一些奇怪的东西——一些陶器的碎片和类似于瓷的碎片。这些陶片多呈紫褐、红褐色，上面印有清晰的纹饰，有米筛纹、方格纹、网格纹、云雷纹等。而那些有些像瓷的碎片上，却光光的，没有任何纹饰。

直觉告诉葛云飞，这是历史遗留下来的大宝藏，他包了一些带回家，准备有空好好研究研究。但令他猝不及防的是，守孝期未满，第一次鸦片战争爆发，身为定海总兵，他即刻飞奔舟山，投入中国鸦片战争史上坚守时间最长、抵抗最顽强、伤亡最惨重的一次战役——定海保卫战中。

英军武器先进，人数众多，敌我力量对比悬殊，定海保卫战打得异常艰难。王锡朋、郑国鸿两位总兵相继殉国，晓峰岭和竹山门相继失陷，大批英军如巨浪般向葛云飞驻守的土城涌来。

葛云飞心知大势已去，但他决心坚守到最后一刻，于是挥舞着那两把特制的宝刀"昭勇"与"成忠"，率二百士兵与敌人展开了肉搏。即使在左眼中弹、被劈去半边脸，又被火枪围攻的情况下，他仍坚持战斗，直到炮弹击穿胸背壮烈牺牲。

葛云飞留给世界的最后背影，是一座永远屹立不倒、顶天立地的丰碑——牺牲了的葛云飞仍手握宝刀，坚毅挺立，他身上的四十多处伤口，血流成河……

如今，河山美丽如初，国家繁荣昌盛。麻溪变成了进化溪，溪边的山头埠村，处处是世人对英雄的怀念和敬仰——葛云飞纪念馆、葛云飞纪念碑、云飞小学、云飞路……

葛云飞当年发现的那些碎片，经过考古学者的研究，也得出了答案——那些印有纹饰的陶片叫印纹硬陶，是春秋战国时期高温烧制的陶器碎片，而那些没有纹路的碎片更是来路不凡，它们是原始瓷，是中国瓷的鼻祖。印纹硬陶和原始瓷是黎明的第一缕曙光，开启了我国辉煌的瓷器时代。

当年葛云飞发现陶瓷碎片的那个小山坳，如今叫作茅湾里。通过那些散落的碎片，考古学家们在这里发现了一个范围达两万平方米的庞大窑址群，这也是中国目前规模最大、保存最为完整的印纹陶窑址。茅湾里窑址现已成为全国重点文物保护单位，未来，人们可以在印纹陶博物馆里探寻两千多年前的陶瓷的秘密。

可惜这一切，葛云飞无法亲眼见证。但无妨，千百年来流淌不息的进化溪自会替他见证，盛世中华在血与火的洗礼中淬炼，终至涅槃新生、翱翔寰宇！

楼塔溪：天籁遗音，绕梁"十番"

《红楼梦》第七十六回，贾母带着众人赏月，有人提议将"打十番"的女孩子传来，贾母却说音乐多了反失雅致，只让吹笛的远远吹起来就够了。《红楼梦》第十一回、第九十二回，也出现了"打十番"的字样。另外，《镜花缘》《桃花扇》《西厢记》《儒林外史》中也都提到了"打十番"。

"十番"究竟是什么？让我们先从一位名医的故事说起。

美不美，家乡水；亲不亲，故乡人。明洪武十年（1377）的某天，楼英踏上了故乡的土地。看到记忆中的楼塔溪依然潺潺流淌，家乡的人们依旧熟悉亲切，被温暖踏实的感觉包裹着的楼英，对这句话有了更深刻的理解。

这些年在皇宫当御医，虽说富贵荣耀，但楼英总记挂着家乡的山山水水，记挂着家乡的父老乡亲。

在没有被朱元璋选入太医院之前，楼英一直在家乡楼塔行医济世。年少时，楼英目睹母亲在生死边缘被名医戴原礼救回，便决定毕生从医。经过多年勤学苦练，二十岁时，楼英正式开始接诊，不久即成为远近闻名的江南名医。

虽出了名，但楼英身上没有一点名人的傲气，他依旧勤勤恳恳地钻研着医术，亲切热心地接待每一位病人，无论对方是什么身份都一视同仁。对于经济困难的病人，他只收取微薄的医疗费；实在贫困的病人，他会免费为他们治疗。

正是高超的医术和高尚的医德，让楼英之名传入了明太祖朱元璋的耳中。那一年，朱元璋得了一种顽疾，宫里所有的御医都束手无策，于是朱元璋想到了楼英，便请他入宫。楼英果然没有辜负朱元璋的期望，药到病除。禁不住朱元璋的一再挽留，楼英只好留在皇宫当起了御医。如今，淡泊名利的楼英以年事已高为由请辞，终于获准，得以回到心心念念的家乡。

对于楼塔这片土地，楼英有着深厚的感情。这里不但山川秀美，而且有着深厚的人文历史积淀。

东晋玄言诗的代表人物许询曾隐居在百药山采药炼丹，他在百药山腰住过的宅院，后来成了重兴寺。民间传说许询在此得道成仙，百药山对面的巨大山岩被称为仙岩，这也是楼塔最初的名字"仙岩"的由来。

唐末五代，乱世之中，战事四起。当时，楼塔为割据军阀刘汉宏的势力范围。唐中和三年（883），钱镠亲自率军攻破黄岭要隘，此战的胜利，对于歼灭刘汉宏有决定性作用，也为日后钱镠成为吴越王奠定了基础。

为庆祝此次大捷，钱镠在楼塔仙岩山岩坞口隆重召开了庆功大会，并任命在此战中立下赫赫战功的楼晋为镇遏副使，镇守黄岭、岩下、贞女三镇。楼晋遂将家安在了楼塔溪畔，成了仙岩楼氏的始祖。而楼英，正是仙岩楼氏的后人。

回到家乡的楼英，像以前一样将"惠天下"作为座右铭，以妙手仁心在楼塔治病救人的同时，利用闲暇时间开始写作《医学纲目》。若干年后，《医学纲目》完成，成为后世李时珍写作《本草纲目》的重要参考书。《医学纲目》与《本草纲目》是我国中医药史上的两部扛鼎之作。

让楼塔人民惊喜的是，楼英不但医治了乡亲们的身体，还以一种特别的方式治愈着人们的心灵，且这种精神上的滋养并没有因为光阴的久远而断绝，反而像楼塔溪的水一样生生不息。

远眺楼塔溪

在宫廷当御医时，楼英有机会参与各种宴饮活动，本就对音乐有着浓厚兴趣的他，迷上了十番音乐。十番音乐是我国汉民族古乐中的一种，原为民间歌颂大禹治水功绩的乐曲，后来成了宫廷音乐。楼英从小就听老一辈人说，楼姓是大禹的后代，他因此对十番音乐有了特殊的感情。

辞官回乡，在著书立说、行医治病之余，楼英喜欢和一群有着共同爱好的朋友雅聚。丝竹管弦奏出的美妙音乐，让他们忘记了尘世的辛劳和疲惫，这是自我奖赏，也是最好的安慰。

回想起在宫廷里听到的音乐，楼英突然觉得应该让更多的楼姓子孙听到十番音乐，而十番音乐本就来自民间，也应回归民间为普罗大众共享，而不能封闭在深宫大院之中，成为少数人的私藏。

十番有文、武和粗、细之分。细十番也就是文十番，以管弦乐为主；粗十番即为武十番，以打击乐为主。楼英将细十番的古典套曲传授给家乡人民，久而久之形成了独具特色的楼塔细十番。

明建文三年（1401），年约七旬的楼英平静离世，他为后世留下了一颗医者的大爱仁心、无数中医药学的宝贵经验和一种天籁般美妙的古乐。

在漫长的岁月里，因楼塔细十番以口传身授的方式进行传承，没有乐谱，致使许多曲目失传。清光绪年间，自日本留学归来的楼氏子弟楼岳堂，忆起了年少时听过的楼塔细十番，在走访了老艺人之后，与举人楼定南、老艺人楼子芹，用中国古传的记谱法——工尺谱记录了《望庄台》《一条枪》《八板》等曲牌。从此，楼塔细十番的古曲套曲被固定下来，一代代传承至今。

　　每逢春节、立春、立夏、端午、中秋、重阳等中国传统节庆，楼塔溪畔，伴随着潺潺水声，整个楼塔古镇都会笼罩在细十番美如天籁的乐声中。

　　楼塔细十番所用的乐器，可谓是"民族乐器大集会"，其中既有二胡、板胡等拉弦乐器，琵琶、阮、古筝等弹拨乐器，笙、箫、笛子、唢呐等吹奏乐器，也有锣、钹、鼓等打击乐器，所以乐曲既具有传统戏曲音乐的板腔风格，又有江南丝竹音乐的抒情美感，难怪会成为国家级非物质文化遗产，受到国内外音乐家的关注和好评。

　　在所有的古代艺术形式中，最难传承的是音乐。楼塔细十番居然能够像楼塔溪一样，历经六百多年岁月沧桑绵延至今，这与楼塔人民的努力是分不开的。楼塔细十番所用乐器多达二十多种，演奏难度极高，然而一代又一代的传承人不取分文酬劳，投入全副精力让这天籁遗音惊艳世人的耳朵，说到底，是对传统文化艺术的热爱与崇敬。

第三章

渴望飞翔的灵魂

和溪的个性不同，洞的内里暗藏一颗渴望飞翔的灵魂，它从高处张开翅膀，丝毫不惧跌落之后的粉身碎骨，像极了某些中国传统文人的风骨。而杭州的洞水，在决绝坚定之外，多了一份大彻大悟的禅意。

九溪十八涧：别有天地，自非人间

　　清同治十二年（1873），绿肥红瘦的暮春时节，已在杭州诂经精舍讲学六年的俞曲园，与两位友人陈竹川、沈兰航相约游览虎跑和龙井。

　　他们一行先到了龙井，俞曲园突然想起一个绝妙去处，便问车夫："你知道怎么去九溪十八涧吗？"车夫摇摇头。俞曲园不肯死心，看到路旁田里有一位耕种的农夫，便上前询问。农夫告诉他，从这里翻过杨梅岭就到了。

　　俞曲园请车夫载他们前去，车夫却很不情愿："你们要从龙井去理安寺，完全可以从翁家山走，为什么一定要走九溪十八涧呢？那里溪涧多，弯弯绕绕，路太难走。"

　　果然如明人张岱在《西湖梦寻》中所言，就算一辈子住在西湖边的人，有很多也不知道九溪十八涧，更不用说有多少人能了解个中之美了。俞曲园一再坚持，努力说服了车夫，他们终于踏上了去往九溪十八涧的路。

　　陈竹川和沈兰航有些不解：九溪十八涧究竟是个怎

样的去处，让俞曲园如此执着前往呢？其实，俞曲园也没有去过九溪十八涧，他之所以心驰神往，不只因为张岱一番妙笔生花的描写，还因为四年前理安寺一位僧人的大力推荐。向往已久，奈何总是没有机会去，如今既到了龙井，说什么也要一偿夙愿。

一过杨梅岭，景色为之一变：但见峰峦叠翠、古木参天，一溪清流穿花绕林、曲曲折折，盘旋着向林木深处流去。这溪便是九溪。潺潺水声，间以啁啾鸟鸣，更显此间寂静清幽，确如张岱所说"别有天地，自非人间"。

这样的境界，必得徒步才能领略其中趣味。俞曲园一行下得车来，沿着溪边的山路缓缓走去。

"九溪，我还以为是有九条溪流呢。"沈兰航边走边笑着说。陈竹川接话："张岱说'其水屈曲洄环，九折而出，故称九溪'。""九溪曲折回环，何止九折？九溪本由狮子峰和杨梅岭的两条溪流汇合而成，后汇集青湾、宏法、唐家、小康、佛石、百丈、云栖、渚头、方家九坞无数细涧小流。'九''十八'并非确数，乃言溪涧曲折回环、数量众多，此应为'九溪十八涧'得名之正解也。"沈兰航和陈竹川对俞曲园的这番话很是佩服，双双伸出大拇指赞他旅游攻略做得足。

眼前之景，令人沉醉。只见山峰色青如黛、重叠绵延，山道弯弯曲曲，缘溪延伸开去，溪流却有些太过随心所欲，忽东忽西，时左时右，时而静静流淌，似乎无声又静止，时而翻岩过石，水石恰恰相遇，水声如奏古乐。阳光从高高低低、参差不齐的树木缝隙间洒下一路碎金，穿透了弥漫在林间的淡淡薄雾，人行其中，宛入桃源仙境。

此时他们正走到一处山路拐弯处，只见满目苍翠，烟岚飘荡，似是山穷水尽之处，但随着脚步的行进，路却自然而然在脚下铺开，颇有"柳暗花明"之意趣。

溪流总是不讲道理地漫过山路，好在水中常散布有大石，三人几次踏石而过，不约而同相视一笑，此行不但有野趣，亦有童趣。这样涉溪而过的方式，令俞曲园突然想到了《诗经》中的"深则厉，浅则揭"，这句诗表面看来是写渡河，意思是说如遇深水就和衣蹚过，如遇浅水就挽起裤腿、扎起衣角而过。不过，在《论语》中，这句话却有了更深的意味。

《论语·宪问》中记载了这样一个小故事：孔子住在卫国的时候，有一次击磬自娱自乐。有位隐士从门前经过，听到孔子的击磬声，说："这个击磬的人，一定有心事，而且心胸有点狭隘。没有人理解你，也没什么大不了啊。'深则厉，浅则揭'。"孔子被说中心事，竟无言以对。他明白隐士的意思：周游列国，怀才不遇，抱负难以实现，这些都不值得挂怀，最重要的不在境遇，而在心态。

就像俞曲园自己，曾以一句"花落春仍在"在进士考试时赢得了主考官曾国藩的青睐，被选为复试第一名，却不料踏入官场不久后，就被人打小报告丢了官，流落数年后受李鸿章之请在苏州紫阳书院讲学，后又任教杭州诂经精舍，这才迎来生命的春天。无论水深水浅，生命之河必得泅渡。

定定神，俞曲园强迫自己抛开这些深沉的思考。如此美景，应尽情享受，方不辜负造物主对杭州这一方天地的厚爱与恩泽。

溪中一处深潭，潭面飘着红的、紫的、黄的落花。陈竹川忽然一拍手："此情此景最合元代诗人张昱所写

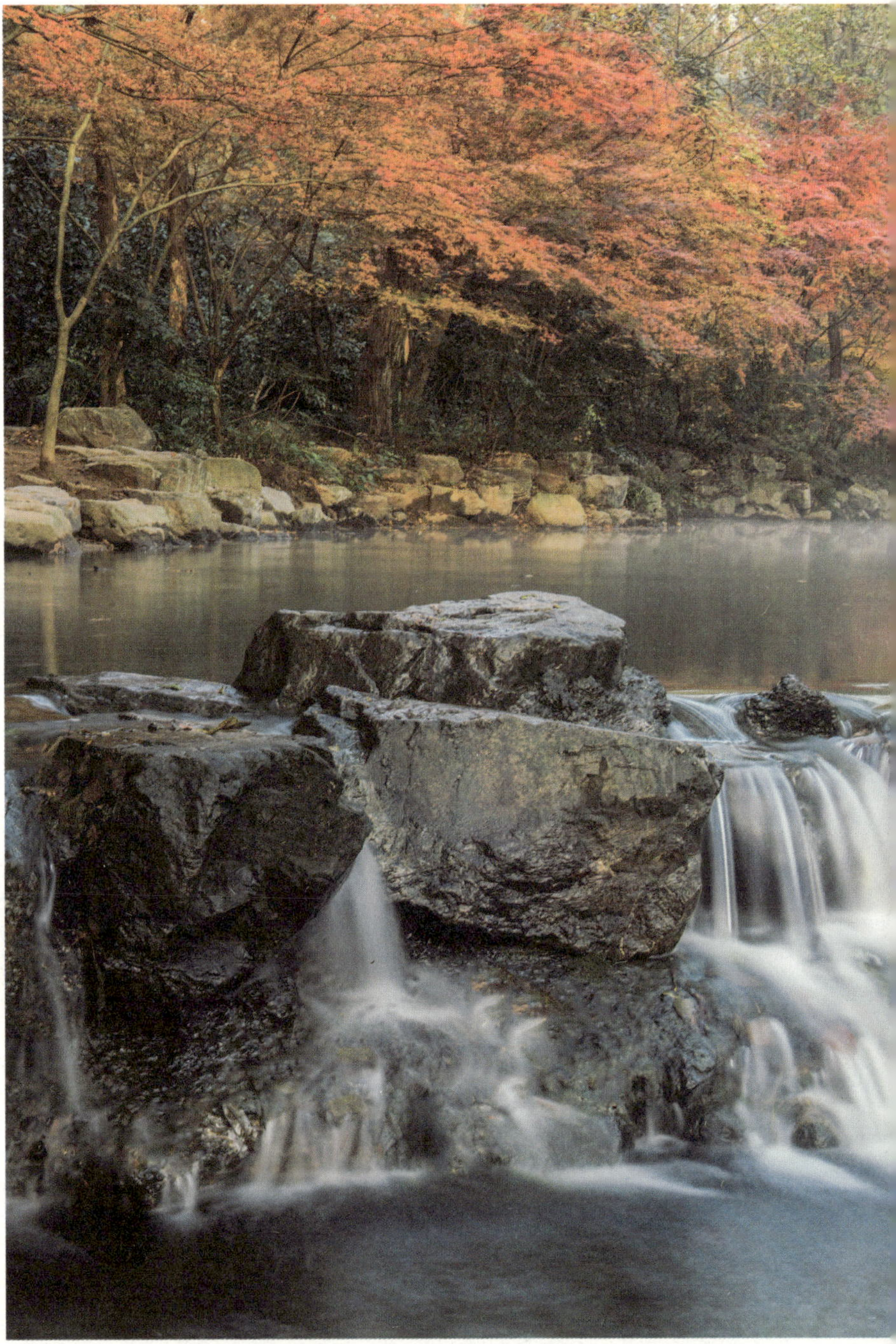

九溪

诗中意境：'春山缥缈白云低，万壑争流下九溪。拟溯落花寻曲径，桃源无路草萋萋。'"

"如此说来，我以为乾隆朝诗人许承祖在《雪庄西湖渔唱》中的两句诗更有韵味：'谡谡松风步步苔，清流淅沥绕香台。落花何与幽溪事，也学愁肠日九回。'此为《九溪》诗。'苦径弯环拥帝青，涧中流水碧泠泠。四山清响因风急，远送林钟空外听。'此为《十八涧》诗。"沈兰航摇头晃脑地吟着，完全沉浸在了诗的境界中。

俞曲园打断二人："过了前面的九溪桥有座凉亭，咱们去歇歇脚吧。"三人于是过了桥，坐在桥边的四角凉亭中小憩。陈竹川提议请俞曲园讲讲关于九溪十八涧的传说。在杭州讲学几年，俞曲园也算半个杭州人了，对于民间传说应该知道得不少。俞曲园也不推辞，绘声绘色地讲了起来。

从前杨梅岭上住着一对老夫妇和他们的独生子喜儿。喜儿乖巧能干，很是惹人疼爱。一天，十二岁的喜儿从私塾放学后去溪边玩，看到两条泥鳅在抢一颗珠子。喜儿赶走了泥鳅，捞起珠子往家走。半路上，一群小伙伴看到喜儿手里的珠子都跑过来抢，喜儿情急之下将珠子含在嘴里，谁知竟在争抢中一不小心将珠子吞进肚里，喜儿变成了一条龙，飞了起来。原来，那颗珠子是龙珠。

喜儿变成的龙在空中飞着，长长的尾巴扫过杨梅岭，地上就多了九道沟；听到父母拼命呼喊，喜儿一路飞一路回头，每回一次头，地上就多一个涧滩，一共回了十八次头，地上就多了十八个涧滩。因此就有了"九溪十八涧"。

在这样远离尘嚣、只有不食人间烟火的世外高人才能居住的深幽隐秀之地，吟罢诗句，听着带有几分神奇与浪漫色彩的神话传说，有说不尽的风雅与惬意。

歇息够了，三人又踏着溪声一路迤逦而行，越走景色越幽美。杭州集美景之大成，各处有各自不同风格的美，西湖的精致绮丽自是迷人，然而九溪十八涧的野趣天成、幽静隐秘也别有一番风味。

这一番游历下来，俞曲园暗暗吃惊：自己平时脚力最弱，连半里路也走不下来，必要乘坐车轿，可是今天居然走了三里多路也不觉得累。看来，美才是最大的原动力啊！

此前，唐朝诗人白居易说冷泉亭在灵隐一带是最美的。但在俞曲园看来，西湖周边的景色，是九溪十八涧最美。这美，必得你走近了，慢慢走，细细看，且放空心身，静息杂念，方能品出其中之妙。

九溪十八涧之游，长久地印在俞曲园的记忆里，成为疲惫生活中的美丽慰藉。他常常回味、咀嚼那些在溪边深林碧叶间漫步的时刻，那样美的经历，忘记是罪过，还是笔纸最可靠。某天，他摊开一页宣纸，写下一篇文章的题目：九溪十八涧。

金沙涧：诗酒流芳沁风荷

明朝张岱有一首描写西湖十景之一"曲院风荷"的诗："颊上带微酡，解颐开笑口。何物醉荷花，暖风原似酒。"

是什么让荷花的粉颊染上了醉红？张岱的解释并不完全准确，不是因为暖风似酒，而是风中本就弥散着酒香。酒香又来自何处？这要从康熙与乾隆爷孙俩的故事说起。

如果要从历代皇帝中推选一位作为杭州形象大使，那么此人非清代的乾隆皇帝莫属。当年乾隆六次南巡，六次来到杭州，最少逗留七八天，多则十来天。被杭州实力圈粉的乾隆，在有限的时间内遍访杭州各处名胜，很多老杭州人不知道的美景，乾隆都能找到。他把对杭州的爱，倾注在了描写杭州和西湖的三百多首诗里，仅仅是西湖十景，就写了六十首诗。

乾隆十六年（1751），乾隆皇帝第一次游杭州，在"曲院风荷"题写了这样一首诗："九里松旁曲院风，荷花开处照波红。莫惊笔误传新榜，恶旨崇情大禹同。"有人说他是借这首诗为爷爷作翻案文章。

五十多年前，康熙第三次南下来到杭州，游览西湖名胜之后，为南宋文人画家所定的西湖十景重新定名题诗，将原来的"麯院荷风"改为了"曲院风荷"。当时没有简化字，很多人认为康熙皇帝将"麯"写为"曲"是笔误。乾隆大概也听到了这些传言，因此在这里为康熙辩解：不是笔误，实在是因为康熙帝像古时的大禹一样，不希望人们过度饮酒。

在九里松旁、金沙涧西边，曾有南宋皇家专用制造酒曲的作坊——曲院。金沙涧是西湖四大天然水源之中最大的水源（其余为龙泓涧、慧因涧、长桥溪），相传旧时这里的涧沙明净、色如黄金，因此得名金沙涧。金沙涧汇合了灵隐、天竺的大小溪水，一路穿林越岩，最后经洪春桥汇入西湖。

曲院建于西湖边，有金沙涧这样质优的水源，院内遍植荷花，既赏心悦目，又能为制作酒曲提供原料——花草皆可制曲酿酒。金沙涧的水，既成就了西湖之美，也成就了南宋都城杭州的诗酒风流。

传说炎帝和黄帝时代就有了酒的雏形，仪狄和杜康发明了酿酒术，此后酒便与中国人的生命息息相关。在漫长的岁月里，酒以水的姿态流淌进一代又一代人的身体，又以火的性格点燃着一颗又一颗渴望燃烧的心灵，形成了独具中国特色的酒文化。

喝酒的时候，也要有些趣味点缀，于是酒令、酒歌应运而生，诗与酒产生了联系。唐代全民饮酒，酒成为催生诗歌的沃壤。到了史上最具风雅的宋代，诗酒组合有了新画风——人们宴饮酬唱，吟诗填词，酒成了文学艺术的亲密伴侣。

曲院风荷

南宋时期，作为都城的杭州被天下瞩目，物质丰富，风景独绝，"人间天堂"游客云集，酒的销售量大增。杭州的皇家曲院产酒量极大，收益非常可观，这是政府增加收入的另一条途径。

酒既能给民众的生活锦上添花，又能增加国库收入，因此官方大力推介，宋代官府曾组织过声势浩大、热闹非凡的评酒促销活动。酿酒业的空前繁荣，使得杭州酒肆林立，酒香满城。杭州的官方酒库每年清明前开煮，中秋前新酒开卖，观者如潮。

到新酒开卖的日子，用三丈多长的白布做成横幅，上面写"某库选到酒匠某人，酝造上等酘辣无比高酒"，由几个人用长竹竿高高挑起，走街串巷，作流动广告。

在广告队伍之前，有鼓乐队、杂耍队、美女模特队开道。酒匠打扮一新，身着只有朝廷高官才能穿的紫色衣服，骑着马跟在广告队伍之后。在酒匠的马前，是赏赐品展示队列，官府赏赐的彩色绢帛、银钱、纸票、银碗器具等一一从围观者的眼前掠过，这也等于告诉吃瓜群众：此酒为上品，此酒匠技术高妙，所以才得到这么多赏赐。这种颇具现代意识的户外直播带货方式，时人称之为"迎酒"。宋代诗人杨炎正曾描述"迎酒"的盛况：

"钱塘妓女颜如玉，一一红妆新结束。问渠结束何所为？八月皇都酒新熟。……翠翘金凤乌云髻，雕鞍玉勒三千骑。金鞭争道万人看，香尘冉冉沙河市……"

酒不仅无损于杭州的美好形象，反而使得诗画杭州更加风流雅致，原因在于古代杭州山川秀美、物阜民丰、社会安定，名士引领的自然人文环境，塑造了杭州人精致优雅的生活方式、平和理性的思维方式和崇文重道的文明素养，这就使得杭州人的饮酒是节制、适度的。酒与诗词一样，美化着平淡苟且的日常，催生着诗情画意的风雅，从而让杭州的魅力更加立体和多元。

明清时期，名酒层出，酒器华美繁多，许多人只贪饮美酒，而忘记了酒的负面效果。于是有些有识之士便开始注重酒的养生保健功能，康熙、乾隆均高寿，与他们喜爱饮用养生酒不无关系。据说康熙帝有一次得了重症疟疾，在西洋传教士的建议下，开始每天饮一杯葡萄酒以助恢复健康，并将这个习惯一直保留到去世。

从这一点来说，乾隆对于康熙在"曲院风荷"题诗中笔误的辩护是站得住脚的。但或许，康熙的本意还有一层：南宋的"麯院荷风"着重于嗅觉，四字令人一见如闻酒香荷香；而他所题的"曲院风荷"则更重着于视觉。当年南宋曲院已不存，重建后的曲院水曲石叠、风荷亭亭，由酿酒作坊转变为纯粹的观赏景点，这也使得后世不知情者忽略了此地曾拥有的深厚的酒文化内涵。

其实早在北宋时期，杭州就盛产美酒。苏轼在《杭州乞度牒开西湖状》中说："天下酒税之盛，未有如杭者也。"作为杭州酿酒的主要水源，西湖的重要性不言而喻，而作为西湖源头的金沙涧，功不可没。

　　如今，金沙涧仍在汩汩流淌。散去了酒香，回复到最本真的水，金沙涧见证了历史与人世的变迁。顺着金沙涧的水流，缘着中国酒文化的脉络，我们会在时空中邂逅一个诗酒风流、荷醉红颜的前世杭州。

龙泓涧：乾隆皇帝的远方

2005 年 7 月 9 日，龙井"秀萃堂"茶室后面的工地出土了一方乾隆御题诗刻碑，碑石完好，上面的字迹清晰可见，为行书体七言古诗一首："凤篁岭上龙泓涧，喷沫成池贮碧流。飞作瀑泉灵作雨，攻祈那待法师投。"落款为"壬午暮春御题"，并镌有"乾隆宸翰"印一方。此碑历尽岁月沧桑保留至今，为杭州碑林数十年来发现的最完整的乾隆御碑，记录和见证着逝去的岁月。

壬午年即乾隆二十七年（1762），这是乾隆皇帝第三次下江南来到杭州。时值三月，春光正好，乾隆住进杭州城内的行宫时，天色已晚，他只得收起即刻出游之心，谋划着第二天要去哪里游玩。

恰在此时，有人上报说龙井已于前一年整修一新，灵山秀水翘首以待御驾幸临。乾隆一听大喜，当即下旨："明日清晨起驾龙井！"

第二天晨光熹微之时，乾隆皇帝已经带着人马踏上了去往龙井的路。一路之上，乾隆一边策马优游而行，一边用目光贪婪地摄取着路两旁的美景。不知不觉已过花港，到了过溪亭，乾隆跳下马来。

过溪亭见证了当年苏东坡与龙井茶鼻祖辩才法师的深厚友情。乾隆皇帝很喜欢苏东坡的诗词书画，也因为爱喝龙井茶而对辩才尤为崇敬。在过溪亭盘桓一阵之后，乾隆走上一条石板铺就的山道，向山上徒步行去。这位养尊处优的皇帝，不辞爬山的辛劳，想要用脚步、用心去细细领略这难得一见的风景。

山道蜿蜒曲折，道旁林木蔽日，满目滴翠绿生凉，空气清新鲜润，呼吸过后觉得整个人都洁净通透起来。乾隆注意到，一路行来，在山道近旁一直有涧水流淌，路与涧似一对不离不弃的恋人相依相傍。涧水顺着与他们行进相反的方向，从山上流淌下来，忽而自高空崖壁跌落在深潭，飞珠溅玉，卷起一堆雪浪；忽而在平缓处聚成一方小池，恍若宝镜镶嵌碧树丛中……

陪同的杭州地方官自然要化身兼职导游，这会儿看皇上盯着涧水一个劲儿看，忙不迭地介绍道："此涧源出风篁岭上的龙井泉，自茅家埠过卧龙桥注入西湖。因龙井又名龙泓，故此涧名为龙泓涧。"得知龙泓涧发源于龙井，又是西湖的水源之一，乾隆欣然命人拿来纸笔，御笔亲题"龙泓涧"三个大字，并为龙泓涧赋诗一首。此诗后来被刻成诗碑，即为本文开头所提之诗碑。

接下来，乾隆又兴致勃勃地顺着龙泓涧一路行去，他又陆续发现了七处值得吟咏的美景，于是干脆将这些景点"打包"统一命名为"龙井八景"，并为每一处景点都写了诗，题为《龙井八咏》。在乾隆看来，龙井八景就像一串华美的项链，风篁岭、过溪亭、方圆庵、涤心沼、一片云、神运石、翠峰阁是颗颗珠玉，而龙泓涧则是串连珠玉的丝线。

对于乾隆来说，第一次龙井之行虽说尽兴但仍嫌不

龙泓涧

够，时隔三年，乾隆第四次南巡至杭州，他再次来到龙井，又挨个为龙井八景写诗。在《再游龙井作》中，乾隆说承蒙老天眷顾，成就了他再次游龙井、为龙井赋诗的愿望，此后再也没有遗憾了。

话虽如此，乾隆还是分别在乾隆四十五年（1780）、乾隆四十九年（1784），以古稀之年的高龄南巡至杭州，再游龙井。这两次，他还是和前两次游龙井一样，为龙井八景中的每一景写诗题咏。他用整整三十二首诗，表达对龙井八景的喜爱与赞美。后人常会吐槽乾隆诗艺不佳，一生写了四万多首诗，居然没有一首入得了行家的法眼。别的暂且不论，仅就他写诗的热情来说，乾隆确是古代皇帝之中少有的、真性情的可爱之人。

乾隆皇帝喜好风雅，对世间一切美好的事物都持有浓厚兴趣。如果不做皇帝，他大概会是一个艺术家，人不入流无妨，只要能怀着对人世的热望，尽情创造，尽情享受，也不枉一生。但身处北国皇宫，一国之主的责任禁锢了他浪漫的心。皇帝的生活虽不能说苟且，但乾隆还是无比向往诗和远方。杭州，就是最美的诗、最向往的远方。

在灵隐理公岩附近的龙泓洞旁，也有一条涧水名叫龙泓涧，不远处有座回龙桥。相传当年乾隆游灵隐寺，方丈认为皇帝赏赐不够，便在乾隆过桥后略施小计，让一位随行的大臣失足落水，乾隆听到响声后返回观看，心知肚明的同时，也暗叹方丈老和尚不简单，于是又多多赏赐了一些给灵隐寺。皇帝贵为真龙天子，所以那座乾隆走过又返回的桥，就被称作"回龙桥"。

不过，这个故事只是传说，并非史实。因为在明代田汝成所著的《西湖游览志》中，就已有"回龙桥"之名。可见乾隆在杭州人民的心目中地位非常重要，乾隆与杭州渊源颇深。

当大清帝国在光阴的流转中消亡，当时光如流水一刻不停地向前，今人的目光凝注于一方沾染过前人手泽的古碑，会在字里行间发现一颗颗曾经在红尘中跳动过的活泼泼的心。

慧因涧："山抹微云君"月夜濯足

那是一个既寻常又特别的月夜。

圆月高悬天际，明月如霜，好风如水，西湖边的林荫小道上，走着一僧一俗两个身影——参寥子和秦观。

此前，正在漫游吴越的秦观，从浙江吴兴出发返回绍兴省亲，路过杭州时，接到了龙井寿圣院辩才法师的书信，邀请他去龙井一叙。

中秋节第二天，秦观决定去赴辩才之约。出了杭州城，已是黄昏时分。坐船到了普宁寺，秦观见到了旧友参寥子。因为秦观没有按约定的时间到达，龙井寺派来接他们的轿夫已经回去了。两人一合计，决定步行上龙井。

经过雷峰，翻过南屏山，他们在慧因寺前停了下来。慧因寺和这一路上经过的其他寺院一样，在黑暗里静默着。但见一水如带环绕着慧因寺，在月光下汩汩流淌，银波闪烁，水声凄凄。这是慧因涧。

从水声里听出悲，是因为人的心里藏着悲。"要是子瞻先生此刻也在这里，该多好！"秦观发出一声轻叹。

参寥子没有说话。

这一年，是北宋元丰二年（1079），三十一岁的秦观第一次参加科举考试落榜，在家乡江苏高邮闭门谢客、刻苦攻读时，突然接到消息：苏轼自徐州调任湖州知州，船经高邮。秦观欣喜若狂。

前一年，苏轼在徐州任职，秦观慕名拜访。初次相见，两人甚是投机，苏轼的人格魅力让秦观深深折服。对于

《慧因寺山图》

秦观来说，当时四十四岁的苏轼已是红遍天下的文坛领袖，而自己只是个刚刚出道的小迷弟，对偶像充满崇敬之情。

当时，秦观的叔父在绍兴做官，祖父也在绍兴，十五岁就失去父亲的秦观，与叔父、祖父感情很深，他决定搭乘苏轼的官船去绍兴看望他们。此时，参寥子在秦观的引见下也来到徐州拜访苏轼，他们三人一同乘船经扬州、镇江、无锡、松江到了湖州。秦观别过苏轼和参寥子，独自前往绍兴。两个月之后，身在绍兴的秦观得知了一个令人震惊的消息：苏轼因"乌台诗案"被捕下狱。

秦观心急如焚，也曾与参寥子等人试图营救，虽竭尽全力，却于事无补。这些日子以来，秦观虽仍在漫游，但心里总记挂着苏轼。如今站在慧因涧旁，他突然想起了《楚辞·渔父》中的故事。

当年屈原遭流放，在沧浪河边遇到一个渔父。渔父问屈原："堂堂三闾大夫，如何落到这步田地？"屈原回答："举世皆浊我独清，众人皆醉我独醒，因此被放逐。"渔父批评屈原，说智慧的人应该抛弃执拗刻板，要能顺应时势变化。但屈原非常决绝地回应："我宁愿跳入江中葬身鱼腹，也不愿让清白之身沾染尘世的污秽。"渔父微微一笑不再说话，一边划船远去，一边唱歌："沧浪之水清兮，可以濯吾缨；沧浪之水浊兮，可以濯吾足。"

初读时，秦观并未完全领会渔父歌中的深意，后来随着年岁渐长、阅历增加，他才幡然领悟：渔父并非让人消极无为、只求自保，而是提醒人们世间清浊本为常态，如遇清水可洗帽缨，如遇浊水也可洗去脚上的污泥；更深一层说，就是人要有韧性，在治世和顺境中要积极进取，在乱世和逆境中，要在顺应时势的同时坚守自我、保有操守。这是一种超脱、达观的处世态度。

在彼此的交往中，秦观感到苏轼身上就具有这种超脱和达观，因此"乌台诗案"发生后，他虽为苏轼担心，但心里却深信子瞻先生一定能够挺住，等到云开日出的那一天。

秦观的个性虽和苏轼不同，但他们都喜爱佛道，有很多共同的僧人朋友，比如参寥子、辩才、佛印等等。秦观深知自己性格的弱点——柔弱、细腻，容易悲观和感伤，为了寻求精神上的解脱，早年他便与家乡高邮干明寺的昭庆法师交情深厚。他一直希望自己也能够像苏轼那样豪放旷达。

浊流遍地，仍需用双脚蹚过世间，只要内心自持、自洁就好。想到这里，秦观脱掉鞋袜，将脚浸入慧因涧中。

相传赤山有一个蛟龙出没的洞穴，人们为了困住蛟龙，就在洞口铸了铁栅栏，此洞故名铁窗棂洞。有水从洞内透过铁栅栏流出，一直流到了慧因寺前，这就是慧因涧。慧因涧水即便在六月也冰凉沁骨，何况此时正值秋季，秦观感到一股彻骨的寒意从脚底直透心扉。

奇怪的是，这冰冷的刺激让他瞬间变得平静，就仿佛得到了慧因寺佛法的加持，又感染到了身旁高僧参寥子的通透禅意，秦观顿时心境一片空明澄净，如今晚的月色水光。

在慧因涧濯足之后，秦观和参寥子继续向山上走去。这个月夜，深深印在秦观的记忆里，也成为他此次吴越漫游之旅中一个特别的站点。

这年年底，苏轼出狱，被贬黄州任团练副使，因在黄州城东的一块坡地上种田贴补家用，自此有了"苏东坡"的名号。秦观也于岁末结束旅行，离开绍兴回到了高邮。从四月搭乘苏轼的官船离开高邮，秦观已在外漫游了八个月，写了上百首诗词，这是他人生中历时最长、收获最多的一次旅行。

离开绍兴前，秦观写下了著名的《满庭芳·山抹微云》一词。此词一经问世，迅速爆红词坛，被后世誉为婉约词的压卷之作，而秦观本人也获得了很高的知名度，与李清照一起成为宋代婉约派词人的代表。

据《艺苑雌黄》记载，苏东坡读到此词后，大为赞赏，取其首句，呼秦观为"山抹微云君"。"山抹微云"是秦观，"大江东去"是东坡。作为"苏门四学士"之一，秦观既是苏东坡的学生，也是他的挚友。

苏东坡是否知道，在他人生最低谷的时刻，在遥远的地方，有一个人在月色下的慧因涧旁濯足深思，对他寄予了最深切的信任和祝福？

白水涧：明代医生梦游"香格里拉"

蓝天白云之下，山青如黛。幽谷之中，层云欲生，草木丰茂，十里竹海绵延成绿色长城，又如从大地上升腾起的一抹碧翠烟雾。修竹蔽日，竹绿生凉。一涧清流从竹林间穿行而过，激荡在千姿万态的岩石上，涧水便有了千万种风貌：时而娟秀如淑女，时而平和如智者，时而激越如战士，时而飞瀑流泻如白练垂天，时而深潭圆注如碧玉坠地……

这是明洪武年间，一位名叫奚百一的医官在梦中见到的情景。

醒后，奚百一细细回味，梦中他除了看到美景，还到了竹海清涧附近的一个小村庄，其宁静和乐恰如陶渊明笔下武陵渔人所到的世外桃源。

寻找现实中的桃花源，是奚百一多年的愿望。虽在朝担任医官，但他一直对陶渊明那种不慕名利、淡泊自适的生活心向往之。奚百一决定去寻找梦中的那个"桃花源"，家人和亲友都笑他异想天开，他却坚定地出发了。

白水洞

不知行过多少路，踏过多少桥，奚百一真的找到了梦中之地，这个地方就在如今杭州市临安区青山湖街道的白水涧村。那竹林间的清清涧水，就叫白水涧。"白""水"为泉，但涧是另一种形式的水，它在千沟万壑间奔流，在峭岩怪石上漫过，常常以飞翔的姿势跌落，即使摔成碎珠片玉也在所不惜。涧是心怀高远梦想的水，如同追梦的人类一样勇敢。

奚百一又做出了让人意外的举动——他辞去官职，把家从浙江余姚搬到了白水涧旁，又在白水涧的竹林中用竹篱围起一个百草药园，做起了闲云野鹤的隐者与悬壶济世的医者。奚姓子孙遂伴随着白水涧繁衍生息，成为遍布全国的奚氏家族中的一支，而奚百一也因此成为白水涧村奚姓始祖，人称奚公。

白水涧自古以来就是世人心目中的理想栖居之地，有"人间世外桃源"的美誉。

奚百一梦游"世外桃源"的故事，记载于从古代保存下来的《奚氏宗谱》之中，由此我们得以窥见中国古老的姓氏文化和家族文化的许多秘密。

在我国的百家姓中，每一个姓氏都有着曲折复杂的来源。据《古今姓氏书辩证》记载，奚姓的始祖是夏朝时发明了马车的奚仲，而奚仲的始祖禹阳为黄帝二十五子之一，受封于妊地，故为妊姓，后改为任姓。奚仲本姓任，因受封于奚地，以地名为姓氏，故称奚仲。

对于自己的姓氏和家族，奚百一颇引以为荣，因为奚姓对中国文化有非常独特的贡献。奚百一读史书，得知中国最早的茶道竟与自己的先祖有关。

唐代，饮茶风气初起，爱好饮茶的奚陟在家中举办茶会。他有一套很多公卿都没有的、非常高大上的茶具，其中有煎茶的风炉、越窑瓷的茶盏和茶托、牛角制成用以搅拌茶汤的角匕。茶会开始，主宾二十多人分坐两排，用两只茶碗传递着喝。先从西侧最后一个客人开始，最终传到坐在东侧首位的主人奚陟。这次茶会有专门的饮茶器具，有座次，行茶有一定的顺序，茶道的主要元素都有了，所以奚陟的茶会可称得上是中国最早的茶道。

奚百一还了解到，奚氏家族对于文房四宝之一的墨也有非常大的贡献。

晚唐五代时期，中国的制墨技术已经相当成熟，最有名的制墨高手是奚超、奚廷圭父子。《歙县志》记载，奚廷圭所制之墨坚硬如玉，纹理如犀牛角，细腻如美女丰满的肌肤，光亮如漆。此墨泡水三年，水清如初，墨毫发无损。"廷圭墨"不但是当时文人墨客的抢手货，而且是中国历史上最有名的黑墨。南唐后主李煜非常喜爱"廷圭墨"，曾封廷圭为御用制墨官，并赐李姓。

在白水涧的深情哺育下，十里竹海在岁月的流逝中一直郁郁葱葱，生机勃勃。在先祖的智慧感召之下，白水涧村奚氏后人传承着悠久的中国竹文化，大力发展竹业经济，使白水涧村成为杭州十大最美竹乡之一。竹简书法长卷《澳门基本法》、竹刻《兰亭序》、竹舞《白水响竹》、竹家具、竹厨具、竹地板、养生鲜竹酒……竹，像千变万化的白水涧一样，用不同的方式滋养着人们的身心，美化着人们的生活。

作为医生，奚百一非常注重养生，当年曾自创养生气功口授给子孙，并一代代流传下来。白水涧与竹海形成的天然氧吧，奚姓人淡泊宁静的心态，再加上淳朴的民风与浓浓的人情味，高龄者众多，使得白水涧村成了远近闻名的长寿之乡。

如果看到这一切，相信奚公一定会欣慰地笑道："这样的现实，真比梦境更美呢！"

第四章

———

透明的问号

杭州自古多泉，在新莽时期被称为"泉亭"，另有专家学者考证，"钱塘"之名本为"泉塘"。一股股清泉，就是从大地深处冒出的一个个透明问号，如文思，如弦乐，字字、声声叩问武林：此地何以有那么多文人雅士？此地何以有如此巨大的文化吞吐之力？

虎跑泉：一泓清澄银斗量，
西湖双绝天下闻

乾隆皇帝最崇拜的偶像是谁？除了唐太宗和宋仁宗，就是他的爷爷康熙。皇孙对皇祖父的崇拜达到了什么程度？乾隆不但在位年数与康熙相似，连南巡的次数也一样。

杭州是康熙帝钟情之地，六下江南四次巡幸杭州。或许是杭州的魅力无法抵挡，乾隆在这一点上没有与康熙保持同步，他六下江南六次巡幸杭州。隔着数十年的光阴，乾隆走在康熙曾走过的路上，看着康熙曾看过的风景，心里充满深深的感慨和怀念。

一次，乾隆来到了西湖西南大慈山下的虎跑寺。有"东南佛国"之称的杭州名刹林立，而虎跑寺之所以著名，是因为寺中有自唐代就成为"网红"景点的虎跑泉。

站在虎跑泉边，看着方形的泉池中涌动着清澈透明的水波，乾隆感到一股清寒之气扑面而来，直沁心扉。喝一口，泉味甘冽异常，身心舒爽。难怪康熙在第一次到杭州时，就去了虎跑泉。民间谚语说："吴山立马，金主亮所由南征；虎跑饮泉，康熙帝所由南巡。"把康熙南巡说成是因为喜爱虎跑泉，这种说法虽然有些夸张，

虎跑梦泉

但康熙帝对虎跑泉的喜爱却是真的。

据说康熙第一次来虎跑，没有宴饮，也不曾吃进任何食物，只喝了一勺虎跑泉的水。十年之后，康熙第二次到杭州，再次来到虎跑，写下了《虎跑泉》一诗："灵泉涌地寒侵骨，胜迹名高著虎跑。似恐被人频汲取，一泓清迥出山坳。"

默诵着爷爷的诗句，"写诗狂魔"乾隆按捺不住勃发的诗情，也大笔一挥写下一首诗："大慈寺侧虎跑泉，性空昔日此栖禅。以无水将他之矣，忽有神人来告畋。南岳童子遣二虎，旋来移请无忧焉。翌日乳窦淙有泌，异常甘冽清且寒。不见不闻无穷已，伎俩有尽语不刊。绠汲聊尝问景兴，还讶其然岂其然。"

以专业眼光来看，这首诗算不得佳作，但乾隆在诗中表达了自己对虎跑泉的真实感受——惊讶、喜爱到不知怎么表达，只恨才华配不上野心，老实承认自己诗艺不高，也是诚恳得有些可爱，反而让人愿意原谅他的技拙。

在这首诗中，乾隆还写到了关于虎跑泉来历的一个佛教传说。

唐元和十四年（819），性空禅师云游到杭州，喜爱大慈山的林木幽深、寂绝静美，就住了下来。不过他很快发现，这个地方美则美矣，就是缺少水源，连基本生活都成问题，就萌生了离开的念头。

这天晚上，性空禅师做了一个梦，有位神人对他说："大师不必为无水忧虑，明天就会有两只老虎将南岳的童子泉移来此地了。"第二天一早，性空禅师果然看到有两只老虎出现在岩下，并用爪子用力刨地，很快便刨出一个大坑，坑里居然汩汩涌出清泉来。性空大师就将这泉命名为"虎跑泉"。

乾隆诗中的这个故事，来源于明代文人宋濂的《虎跑泉铭》。明洪武年间，宋濂来到杭州经过大慈山，虎跑寺僧邀请他观赏虎跑泉，并给他讲了高僧梦泉的故事。传说给虎跑泉蒙上了一层神奇浪漫色彩，身边的僧人和故事中的僧人一起，更让宋濂感受到了虎跑泉有着宗教的圣洁。在《虎跑泉铭》的结尾，宋濂写道："愿挹寸波，如习禅定，洗涤根尘，一时清净。"亲近山水，原是最好的修行。

在民间传说中，虎跑泉的起源故事另有版本。

从前，有一对兄弟大虎、二虎被发配充军流落杭州，在一座山上遇到一个挑水的老和尚，兄弟二人就帮老和尚把水挑回寺庙里。老和尚留两兄弟住宿，闲聊时，大虎、二虎得知此地缺水，便留在寺内拜老和尚为师，天天帮老和尚挑水。

多年过去，天下奇旱，常去挑水的小溪干了，周围也找不到别的水源。大虎、二虎就来到南岳衡山，找到了著名的童子泉，守泉的仙童将大虎、二虎变成了两只老虎。两只老虎跑回老和尚所在的寺中，在岩石下面刨地作坑，白花花、清亮亮的泉水不断地涌出来，最后聚成了一个明净的水潭，人们就把这眼泉水叫作"虎跑泉"。

不论是佛教传说还是民间故事，虎跑泉总是与佛、僧脱不了干系，因而也就有了悲悯情怀，不仅滋养世间万物，而且疗愈世人身心。苏轼在杭州为官时曾多次来到虎跑，写有多首关于虎跑泉的诗。

　　有一次，苏轼为了疗病，特地来到虎跑寺休养，寺僧热情接待了他，并让他畅饮虎跑泉水。古寺名泉，加之美景幽境，苏轼心情大悦，身体也好了很多。事后，他怀着感激的心情写了一首《病中游祖塔院》诗："紫李黄瓜村路香，乌纱白葛道衣凉。闲门野寺松阴转，欹枕风轩客梦长。因病得闲殊不恶，安心是药更无方。道人不惜阶前水，借与匏樽自在尝。"的确，身体上的很多病，都源自心病，安心是最好的药方。

　　苏轼注重的是虎跑泉对人精神上的疗愈意义，而明代的生活美学家高濂，在其高端杭州游赏宝典《四时幽赏录》中，爆出了他的独创性发现：用杭州最好的泉水虎跑泉烹煎"绿茶皇后"龙井茶，富含天然矿物质和多种微量元素的虎跑泉，让龙井茶的精华绽放到极致，那种醇香，天下独绝。高濂痴痴地想：每年春天，喝着虎跑泉所烹的龙井茶，即使在山中住上一个月也嫌不够，这就是疲惫生活中的诗意梦想啊！此后，虎跑泉、龙井茶成为闻名天下的"西湖双绝"。

　　其实，与虎跑泉结缘的人，古往今来不计其数，帝王有之，平民有之，文人雅士有之，高僧大德亦有之。

　　1916 年，在浙江省立第一师范学校任教的李叔同，听同事夏丏尊讲，日本杂志上有一篇文章说断食有助身心调养，李叔同颇为动心，便决定一试。

　　李叔同的好友、西泠印社创社四君子之一的叶为铭，向李叔同推荐了清幽雅静的虎跑寺作为断食地点，另一位西泠印社创始人丁辅之充当介绍人，就这样，李叔同于这一年的 12 月 25 日在虎跑寺开始了十八天的断食历程，并写下了约万字的《断食日志》。

在其中一则日志中，李叔同写道："丙辰十二月三日，晨起，精神渐渐轻快。早餐，稀粥半碗。中餐，稀粥一碗，菜少许。晚餐谢绝，但饮虎跑冷泉一杯。"从一餐饮虎跑泉，到早晚饮虎跑泉，到最后"整日饮甘泉""断绝人间烟火"，虎跑泉和虎跑寺带给李叔同的，不只是身体上的轻盈，更有精神世界的灵明，最终从尘世中"二十文章惊海内"的翩翩佳公子，成为一代方外传奇高僧。

虎跑泉获封"天下第三名泉"，得益于乾隆皇帝的品鉴。乾隆不但是品茶好手，品泉也很有一套。他特制了一个专用来称量泉水的银斗，根据装满银斗的同等体积的泉水重量来评定泉水的等级，重量越轻，品级越高。

在观赏虎跑泉的过程中，人们还发现了虎跑泉的"新玩法"，清代诗人丁立诚用《虎跑水试钱》一诗这样描述："虎跑泉勺一盏平，投以百钱凸水晶。绝无点点复滴滴，在山泉清玉液凝。"一碗满满的虎跑泉水，将铜钱一枚一枚投入水中，水面溢出碗沿却并不流下，而是晶莹剔透地凸出静置于空中，是不是很神奇？

用科学家们的话来说，这种神奇现象的原因在于，虎跑泉水的纯度非常高，分子凝聚力强，表面张力大，所以成就了"凸水晶"。

现在，虎跑泉一如当年涌流不息，清冽甘甜。当地的老百姓不辞辛劳，哪怕走很远的路，也要去打一桶虎跑泉的水，这已经成为他们的一种习惯和生活方式。为了报答虎跑泉的厚德美意，杭州人民于2017年举办了"泉梦虎跑·福泽苍生"千年虎跑泉首届祭泉典礼。

将泉作为祭祀的主角，珍惜天地与祖先留给我们的生态福祉，敬畏自然，这是杭州人的选择。也正是这样智慧的选择，使得造物主偏爱杭州。其中深意，值得细细体味。

龙井泉："茶道发烧友"的另一面

"好泉，好茶！"一杯热茶在手，轻啜一口，茶香沁心，乾隆不禁满脸陶醉，高声称赞。

此时，阳光正好，三月的和风轻柔拂面，四周松竹映翠、花木繁荫，龙井泉像一面银光四射的宝镜，潺潺水声与清脆的鸟鸣互相应和……此种出尘绝俗之境，颇似三国嵇康《养生论》中所说"清虚静泰"，人处其中，会忘却所有私欲杂念，身心空净。

乾隆闭上眼睛，一边尽情享受春天的美好，一边细细体味久久盘桓在唇齿间的茶香。作为历代皇帝中当之无愧的"最热茶道发烧友"，乾隆的品茶能力自然一流，然而此番茶滋味，竟前所未尝。

这是乾隆二十七年（1762），乾隆皇帝第一次游龙井。沿着龙泓涧旁的山道一路徒步而上，为"龙井八景"题名赋诗之后，乾隆来到了风篁岭上的龙井泉旁。陪同的杭州地方官员献上新采的龙井雀舌茶，建议皇上尝一尝用龙井泉烹煮的龙井茶。

乾隆欣然接受，遂命人拿出便携式竹茶炉（这是乾隆出巡必备装备，现存于北京故宫博物院），汲取龙井泉之水来烹茶。结果比想象中更令人惊喜，有了龙井泉的加持，龙井茶的色碧、味郁、香醇、形美，被展现得恰到好处，果然茶之上品的真谛在于好水与好茶的遇合。

自命风雅的宋代皇帝有龙凤团贡茶，但自己手中这盏绝妙香茗甘醇沁心，饮用之后身心为之一新，如闻佛法洗润心性，这不是最大的福分吗？乾隆诗兴大发，挥毫写下《坐龙井上烹茶偶成》一诗："龙井新茶龙井泉，一家风味称烹煎。寸芽生自烂石上，时节焙成谷雨前。何必凤团夸御茗，聊因雀舌润心莲。呼之欲出辩才在，笑我依然文字禅。"

写最后两句诗时，乾隆眼前浮现出了龙井灵魂人物、北宋著名高僧辩才法师的身影：如果辩才站在面前，他会说些什么呢？一定会笑我又饮茶赋诗，玩起了文字禅吧。

作为龙井茶"茶祖"，辩才法师于上天竺寺退居龙井寿圣院后，开山种茶、品茗论道、吟诗作赋、参禅礼佛的诗意安闲生活，令人称羡，也引来了许多社会名流，苏轼、秦观、杨杰、赵抃、参寥子等人都曾慕名与之交游。

乾隆忽然想起秦观所写的《龙井题名记》与《游龙井记》两篇文章。当年也是在这龙井泉边，辩才与秦观、参寥子三人于月夜煮茶品茗、谈诗论文，那样的经历，可遇而不可求。

宋元丰二年（1079），年近古稀的辩才法师写信邀请正在漫游吴越的秦观来龙井一叙。八月十六日夜将近二更天时，辩才法师在寿圣院的潮音堂里，终于见到了姗姗来迟的秦观和参寥子。一问之下才知，原来他们是从西湖边一路步行来的，秦观在慧因涧濯足之后，两人从灵石坞找到一条小路，才上得风篁岭。

三人来到龙井泉边，在龙井亭中坐下。龙井泉在月色下闪闪发亮，水从满月形的泉池中源源不断地倾泻而下，注入下面不远处一个方池之中。

辩才从龙井泉中打水煮了茶，三人一边喝茶一边闲谈。经过辩才的一番介绍，秦观才明白，原来龙井泉也叫龙泓、龙湫，传说泉中有龙，泉的源头直通江海，即便大旱之年泉水也从不干涸。据说三国两晋时期，著名道士葛玄和葛洪曾先后在泉边炼丹。

"龙井泉融道家的仙气与大自然的灵气于一身，但因处于幽僻之地，所以不如西湖和钱塘江那样有名。但是真正了解它的人，会觉出它的珍贵。"辩才法师望着月色下的龙井泉，悠悠地说，"龙井泉就像具有至美品德的圣贤之人，有西湖的柔美，却也有自己的持守，如钱塘江般阳刚，但又极具韧性。在天地之间，它中和阴阳之气，让自己的源头深深扎入大地深处，从而以永流不息的活力惠泽世间万物。这样的泉水，值得记述、颂扬啊！"

听了辩才这番话，秦观颇为感动。辩才法师久居龙井，对这里的一草一木、一山一水都了如指掌，亲如故旧。那次龙井之行深深留在秦观的记忆里，很快，他便写出了《龙井题名记》与《游龙井记》。

初读《游龙井记》，乾隆并不太懂龙井泉的品德之说，如今现场感受，他豁然开朗，也对古人所说的"上善若水"有了进一步感悟。

"龙井泉之中真的有龙吗？"乾隆对这个问题感到好奇。秦观在《游龙井记》中写到，辩才法师带领弟子们围着龙井亭念诵"浮屠法"，以告慰泉中之"龙"，突然有大鱼从泉中跃出，人们从此对"泉中有龙"的说法信以为真，龙井也因此名声大噪。

人们之所以相信"泉中有龙"，还有一个原因，那就是龙井泉中的"龙须"。乾隆决定当场验证，他命人搅动泉水，然后目不转睛地盯着水面。只见动荡过后，水面渐渐平静下来，出现了一条从外向内、由大而小的水纹线，浮游摆动变成小圆圈，最后变成小圆点消失。乾隆因此也深信龙井泉中确实居住着龙。

龙井旧影

如果乾隆穿越到现代，科学家们会这样向他解释：由于龙井泉水来自较深的岩层和较浅的地表层，来源不同的水的比重、流速不同，搅动之后泉水分层，就出现了"分水线"，这就是传说中的"龙须"。不过乾隆也许会表示：正因为有了故事传说的点缀，山水风景才变得有趣和浪漫呢！

　　第一次龙井之行，风景太美，龙井泉烹龙井茶的滋味太醇香，乾隆无法自拔地爱上了龙井，后来他又三次来到龙井，疯狂写诗点赞龙井的风景，并放下皇帝的身段，不遗余力为龙井茶"直播带货"，天下才有更多人领略到了龙井之美和龙井茶之妙。

　　乾隆还用龙井茶打底，首创了重华宫茶宴。他亲手制作的"三清茶"，是茶宴中绝对的主角：龙井茶与梅花、佛手、松子三种清雅高洁之物一起冲泡，再盛入印有乾隆诗句的"三清茶壶"和"三清茶杯"中。那次第，怎一个清雅了得！乾隆借此也为自己翻了案：那些嘲笑我农家乐土味审美的人，你们是不知道我的另一面呀！

玉泉：鱼乐国里的生命思索

旧梦难寻。对于已至暮年的张岱来说，尤其如此。

彼时，已是清王朝的天下。大明王朝和杭州一样，同是张岱无法割舍的梦。阔别二十八年，终于回到心心念念的杭州，张岱却没有想象中的喜悦，反而感到梦醒的悲凉。

岁月消磨，人事更迭，无日不入梦的西湖真真切切就在眼前，却失了梦里的华彩。或许变的不是风景，而是心境。从晚明的贵公子到清初的破落户，无异自云端跌落深渊，个中滋味，只有张岱本人知道。

虽然不易，但张岱还是决定去追寻西湖旧梦。他在回忆里细细描画那些深入骨髓的印象，山水草木、亭桥塔寺……再借助笔纸将那些逝去的美牢牢锁定，用文字为后世留下一部关于西湖的"纪录片"——《西湖梦寻》。

玉泉即是这部"纪录片"中的一个镜头，虽只一瞬，却足够惊艳，耐人寻味。

玉泉在一座寺里，一方很大的水池，泉水自池底渗出，晶莹如玉，澄澈见底。没有人知道玉泉最初流淌的时间，人们只知此泉在南齐时被发现。在南宋周栋所著的《开山尊者记》中，玉泉的来历颇具神奇色彩：

南齐建元年间，高僧昙超云游四海来到杭州，在西湖北面的山中筑庵讲经，一时听者无数。听众中有一位老人试图寻求昙超的帮助。原来他是一条老龙，兄弟五人居住在富阳的水中，当地人不小心破坏了他们的居所，老龙的兄弟们一怒之下数月不肯降雨。老龙不忍人们受苦，又无法说服兄弟，故此请求昙超大师帮忙劝说。昙超大师欣然应允，不过他也提出一个请求："你既然是龙，我这庵中缺水，能不能想想办法？"老人闻言轻拍手掌，庵前的空地上顿时涌出一股清亮亮、活泼泼的泉水。这泉水色莹如玉，人们便叫它"玉泉"，又叫"抚掌泉"。

龙抚掌而玉泉出，这当然不是史实，而是充满浪漫想象的传说。这个故事将山泉的灵动与宗教的庄严联系起来，为日后玉泉的地位埋下了伏笔。

起初，玉泉所在地建有龙王祠，五代后晋时建成净空院后，玉泉的知名度随着时间流逝渐渐提升，连唐代诗人白居易也忍不住写诗点赞："湛湛玉泉色，悠悠浮云身。闲心对定水，清净两无尘……"

南宋定都杭州后，玉泉与净空院的组合成功引起了皇帝的关注。自宋理宗亲笔御书"玉泉净空之院"后，人们又在玉泉中投放了五色金鲤鱼。那时节金鱼还是个稀罕物，玉泉净空院迅速"冲上热搜"，成为杭州最新的"网红旅游打卡"之地。当时的杭州诗人董嗣杲有一首《玉泉》诗，记录了尾尾金鱼游玉泉的情景："南齐事迹已销沉，曾立苔碑记古今。一老出泉犹抚掌，此僧演法欲传心。树头龙过家家雨，池面鱼游尾尾金。行客不须闲照影，要知泽物溥春霖。"

不料到了明宣德年间，有那利欲熏心之徒竟用玉泉水来造纸，致使泉清鱼欢的美景一度消失。好在嘉靖年间政府及时出手关闭了纸局，重修泉池，在玉泉中放养五色鲤鱼，玉泉鱼跃景观得以恢复。此次玉泉修复工程不但重现了玉泉旧观，而且有了大大的加分项：请著名书法大咖董其昌书写了"鱼乐国"的匾额，悬于池畔亭廊之上。

这样一来，鱼与泉的欢乐互动便具有了厚重深沉的文化意蕴。原因何在？《庄子·秋水篇》中记录了一次中国历史上最有名的辩论。

庄子与好友惠子共游濠梁之上，庄子说："你看那水中的游鱼多么快乐！"惠子却抬起了杠："你又不是鱼，怎么知道鱼是快乐的？"且看庄子如何回怼："你又不是我，怎么知道我不知道鱼的快乐？"这段绕口令式的对话，虽然简短，却"一句顶一万句"，成为后世津津乐道的话题。

许多年过去了，玉泉水依然不断地从大地深处冒出头来，泉中的鱼儿像世上的人，换了一茬又一茬，但依旧生生不息，从不让泉水空置。到张岱来玉泉观鱼的时候，他看着澄明如玉的泉水中百余条五颜六色的鱼竞相争夺游人的投食，看着董其昌龙飞凤舞的"鱼乐国"三个大字，不由想起了庄子与惠子的濠梁之辩。

他心里无数次为庄子竖起大拇指，人固然不是鱼，但知鱼之乐是可能的。如若不然，人就会是一座孤岛，无法与他人、万物对话。这种推己及人的比拟和移情于物的联想，不正是中国古典诗词和传统文化之所以感动人心的缘由吗？花不会流泪，鸟也不知有恨，但杜甫的诗句"感时花溅泪，恨别鸟惊心"所表达的感情，谁又能质疑它的真实与力量呢？

庄子之所以感知到鱼的快乐，是因为他自己快乐。生而为人，谁没有磨难和痛苦？但庄子却有一种独特的能力，破除了执念，参透了生死。他将生命视作"化"，视作自然能量的往复回流，因而人不再是万物之灵长，而只是和花鸟虫鱼平等的生命，因而活着就成了一种必经的体验，无论何种境遇，均能以平静喜悦之心接纳。

这个道理很多人都懂，但毕竟不是每个人都能成为庄子，所以无法得到像鱼儿那般真正的、洒脱自在的快乐。就比如张岱自己，在本该看淡世事沧桑的年纪，却仍然免不了惆怅、怀恋和遗憾。

不同的人，在玉泉观鱼时，大约会有不同的心境与感受。

康熙皇帝南巡杭州时，为净空院赐名清涟寺，并题诗曰："锦鳞游泳漾池纹，隐藻穿蘋暗作群。濠濮会心原不远，清涟题额与传闻。"而当乾隆皇帝来到清涟寺时，在玉泉中看到了一种极为珍贵的大鱼，色如翡翠，长约一尺，常潜藏水底，游人难得一见真容。这种际遇，乾隆当然要写诗纪念一下："清涟山里寺，泉石胜其余。坐近琉璃沼，言观翡翠鱼……"这两位主宰天下的人，观泉中之鱼后，内心深处可会有和普通人一样的对生命的慨叹？

泉与鱼，都有一种神妙的灵气，观之令人感到勃发的生机，也让人陷入生命的沉思，这正是玉泉的别致之处。太过美丽的东西，往往最难留住。张岱把自己比喻成归

玉泉鱼跃

来的山乡之人，当他用生花妙笔描画那些杭州西湖的美景之时，是带着些许怜悯的，担心后世人再也无法看见那样的美。

　　然而张岱的担心是多余的，"玉泉鱼跃"的美景，在清代成为西湖十八景之一，到现在一直点缀着人间天堂的湖山，慰藉着无数渴望放飞的心灵。

　　自古生活在自然天成的美景之中，杭州人早已将敬畏、珍爱自然的理念深深印入生命基因之中，任世事如何变迁，杭州的美总是有增无减。这，正是杭州魅力长存的秘密所在。

六一泉：欧阳修与杭州的奇妙渊源

　　如果风物有感知，杭州的山水或许会遗憾：历来名人雅士扎堆的杭州，作为宋代文化界顶流的欧阳修却从未来过。

　　世间的事就是如此奇妙。或许上苍为了弥补杭州与欧阳修本人共同的遗憾，所以安排了那样一场特别的遇合。

　　宋熙宁四年（1071）的一个酿雪天气，西湖上云雾缥缈，亭台楼阁若隐若现。去往孤山的小路上走来了一个人，只见他步态雍容，神情散淡，一边走一边欣赏路边的风景，悠然中又有几许兴奋。

　　在孤山西南麓的一座庵堂前，他停下了脚步，对着迎上前来的一位僧人拱手作礼："在下苏轼，敢问可是惠勤上人？"僧人向前一步，双手合十："贫僧惠勤，久闻苏公大名，可是六一公嘱你前来？""正是。"苏轼朗声答道。

　　入室坐定，惠勤奉上茶来，温热醇香的液体入口，暖意瞬间流遍全身，虽是寒冬，苏轼却感到融融春意。

这是苏轼到达杭州的第三天。因反对王安石变法，苏轼遭受排挤，遂被贬任杭州通判。赴任中途，苏轼特地到颍州看望退休闲居的老师欧阳修。宋嘉祐二年（1057），苏轼参加科举考试时，主考官是欧阳修，两人就此建立了深厚的师生之谊。

欧阳修对苏轼寄予厚望，希望他接自己的班成为下一代文坛领袖。看着这个才华横溢的学生因刚直的个性在宦海浮沉不定，欧阳修半是欣慰半是心疼，他担心苏轼到杭州后人生地不熟，再加上贬官会心情郁闷，所以将惠勤介绍给他，希望他多结交些志同道合之人，寄情山水以忘忧。

惠勤是当时著名的诗僧，曾离开故乡杭州游历京城开封二十年，与许多公卿贵胄交游密切。欧阳修结识惠勤后，一方面为他的才学惊叹，一方面又为他感到可惜：放着杭州的绝美湖山不去修身养性，却在这喧嚣的城市中为声名所累，白白辜负造物的美意又空耗一身才华，埋没一颗本质高洁的心。

欧阳修写了《山中乐》三章给惠勤，劝他南归山林。惠勤听从了他的建议，临行之前，欧阳修又写了一首诗，极言与山水为伴的好处，以坚定惠勤离开的信心。大约这本是欧阳修的人生理想，只因他身负济世重任无法逃避，只盼望有自由之身的惠勤能好好珍惜这福分。

现在看来，欧阳修的建议再正确不过。回到杭州的惠勤，在孤山筑庵讲经，身心获得了前所未有的静与净。他对欧阳修的敬崇也达到了极点。

在与苏轼的谈话中，惠勤说："六一公就像是天人下凡，杭州人都因为六一公没有来过杭州而深为遗憾。

其实，像六一公这样的人，哪里有他到不了的地方？借助文字他已神游四海，即便身体没有到，精神也早已抵达……"

初听惠勤此话，苏轼颇感怪异，后来细想一想，却不无道理且富有深意。

因为欧阳修，苏轼与惠勤两个素昧平生的人一见如故，成为密友。他们心中都怀着同一个愿望，有朝一日相携去见欧阳修，三个心灵契合的人相见会是怎样的场景？想想都觉得很美好、很幸福。

然而，这愿望被一个突如其来的噩耗打破了：一年之后，欧阳修病逝于颍州。苏轼不能自持，他强忍悲痛来找惠勤，两人的泪水交织在一起，他们齐齐向着远方遥遥祭拜。因为有互相的陪伴，苏轼和惠勤的悲伤，仿佛都已被对方分担减半，这是苍凉生命中的暖色和慰藉。

斯人已逝，活着的人还要继续。欧阳修逝世两年之后，苏轼调任密州，后又在徐州、湖州任职。在经历了"乌台诗案"与人生的巨大蜕变之后，兜兜转转，苏轼又来到了杭州，这次是任太守。

虽时隔多年，但杭州早已深深印在苏轼的记忆里，林泉花鸟皆为旧识，更不用说人了。苏轼迫不及待地去见惠勤，可是，绿树掩映的幽静庵堂里，却不见了那张亲切温厚的笑脸——那张脸变成了一幅画像，和欧阳修的画像并排挂在墙上。

一个年轻的和尚带着悲戚的神情告诉苏轼，说自己是惠勤的徒弟二仲，师父早已离开人世。苏轼默然良久，在欧阳修与惠勤的画像前深深地弯下腰去。

　　二仲像忽然想起了什么，引苏轼来到讲经堂后面的一座石屋，指着一泓汩汩流淌的清泉说："这里本来没有泉，几个月前，地下突然涌出了一股泉水。我想，这一定是师父的在天之灵得知您要到来，故而用这种方式来慰劳您。"

　　苏轼想起惠勤以前的话，说："就把这泉水叫作'六一泉'吧！"虽然杭州距离欧阳修所在的颍州有千里之遥，此时距欧阳修逝去已有十几年，但因为欧阳修，苏轼才和惠勤结缘，才有了这眼泉。就像惠勤所说，欧阳修虽未曾到过杭州，但他的影响力却无处不在，他对后世的精神惠泽正像这清泉一般源源不断，滋养着千千万万人的心。

　　岁月流逝中，苏轼和二仲相继作古，但六一泉和苏轼所作的《六一泉铭》却留下了来。南宋定都临安（今杭州）以后，六一泉所在地被划入四圣延祥观范围，泉池得到重修，二仲所建的泉上石屋改建为亭，宋理宗用

六一泉

飞白书写的"六一泉"三个大字悬于亭上。元明清时期，六一泉经历了湮没、重现、再次湮没的历程，1949 年以后，六一泉的面貌焕然一新，并至今涌流不息。

如果你现在来到西湖孤山，会在俞曲园纪念馆的北边看见一亭斜倚岩壁，亭前一潭清透秀水明净如镜，水面上点缀着青绿浮萍，一股清寒之气迎面扑来，令人不由想起欧阳修所写的《小石潭记》。这就是六一泉。

从北宋到晚清，欧阳修与俞曲园这两位中国传统文化的优秀传承人，以这样的方式在碧波荡漾的西湖边相依相伴。这或许是天意。古往今来，无论世事如何变迁，杭州的文脉总是如杭州无数大大小小的泉眼一般喷薄而发、永续不断，这也正是无数文人雅士扎堆奔赴杭州的缘由。

陆羽泉：一代茶圣的高光时刻 与飘向日本的茶香

第四章 透明的问号

关于一代茶圣陆羽和他的代表作《茶经》，人们并不陌生，但却很少有人知道，《茶经》其实诞生于杭州一眼清泉之畔。

唐肃宗上元元年（760），距"安史之乱"爆发已过去了五年，叛军仍未平定。为了躲避战乱，人们纷纷逃往江南。但江南也不太平，这年夏天，江浙发生了"刘展之乱"，乱兵相继攻陷了润州、升州、湖州，杭州城一时攻克不下，乱兵便驻扎在余杭，伺机而动。

无可奈何，余杭人民纷纷离开家园，逃往更为僻静的山野以求自保。在逃难的人群中，有一位青年显得与众不同：沿途只要遇见山泉茶园，必要停下品赏研究半天，还掏出随身携带的笔纸记录。

同行的人们都无法理解：这小子是不是傻，有什么事比命还重要呢？不错，对于这个年轻人来说，茶比命更重要。要不然，他也不会在六年前离开故乡复州竟陵（今湖北天门），一路山迢水遥、餐风饮露来到杭州。

这个年轻人就是陆羽。对现代人来说，他是大名鼎鼎的一代"茶圣",但在当时人们眼里,他只是一个默默无闻、没有正当职业的流浪者。

陆羽从生下来,手里就捏着一把再烂不过的牌——颜值低到连父母也嫌弃,被扔在河边的荒草丛中,幸而竟陵龙盖寺的住持智积禅师发现了他,这才捡回一条命。智积禅师将这个孩子收养在寺中,本以为他日后会顺理成章踏入佛门,结果却令智积禅师大失所望:这个从小听着诵经声长大的孩子,却坚持不肯剃度出家。

为了让倔强的陆羽收心,智积禅师将他关了禁闭,不久却发现他居然逃跑了。天地茫茫,离开龙盖寺,陆羽怎么活下去呢?他只有十二岁,说话还口吃。但陆羽自有他的生存法门:他凭着自己的机智幽默,进了一个戏班,成了喜剧演员,后来还编写了三卷笑话书《谑谈》。

问题是,在戏班演丑角的陆羽,怎么会和茶扯上关系?这还要回到陆羽从前的人生历程。曾经在龙盖寺的日子,陆羽除了饱读诗书、礼佛习经,还要学习煮茶、洒扫等日常事务。

天长日久,陆羽爱上了茶。这种神奇的树叶经过沸水的洗礼之后,化作醇香的液体,带着暖意让人身体舒放。对于前人来说,茶只是一种有实际功用的草药,陆羽是将茶性与人性联系起来的第一人。只是,陆羽那时并未料到茶会成为他的毕生事业。

有时候,偶然遇见的人,会冥冥中改变一个人的命运轨迹。

陆羽在戏班演出时,竟陵太守李齐物惊喜地发现他是个人才,就介绍他去火门山跟随邹夫子求学,陆羽的人生格局就此扩大。后来陆羽结识了礼部郎中崔国辅，两人常常一起游山玩水、谈诗论文、品茶鉴泉。正是在那时，陆羽决定将自己的余生交付给茶。

有了渐长的才学和渐深的阅历打底，陆羽开始向最高人生理想靠近。他不羡黄金白玉，不羡高官厚禄，抛开一切身外之物，只带着最简单的行囊踏上了行遍天下的探茶之旅。在那个没有高铁、飞机的年代，陆羽硬是凭着一颗满怀热爱的心和两只不辞劳苦的脚，走过了全国三十二州，最终写成了历史上具有划时代意义的第一部茶叶专著《茶经》。余杭是陆羽探茶之旅的一个站点，也是《茶经》诞生的地方。

跟随人群逃避战乱的陆羽，在余杭一个叫双溪的地方停了下来。这里幽僻安静，恍若世外桃源，陆羽在这里发现了一眼好泉，泉水清透如白玉，泉味甘冽如琼浆。这样的泉水，才能烹煮出上好的茶味。

陆羽泉

陆羽不但是品茶高手，对泉水的鉴赏力也是一流。好茶须有好泉来烹煮方能释放最佳品性。因此，陆羽在遍访天下茶园、考察茶事之时，从不忘品赏各方灵泉。

陆羽在双溪的那眼清泉边定居下来，将兵荒马乱抛之脑后，与世隔绝，开始闭门著书。他将自己这些年考察到的有关茶的资料，结合前人关于茶的论述进行融合整理，最终写成了《茶经》初稿。

其实在来双溪之前，陆羽曾隐居在余杭苎山，写成了《茶记》一卷，只可惜没有保存下来。而陆羽之所以与杭州、与余杭结缘，与诗僧皎然不无关系。

皎然自称是谢灵运的十世孙，他曾受戒于杭州灵隐寺，诗才了得，且酷爱茶，写有很多浸透着禅味的茶诗。陆羽与皎然一见如故，又都喜爱茶与诗，虽然皎然比陆羽大了十三岁，但这丝毫不妨碍他们友谊的小船扬帆远航。

两年前，皎然因为好友道标和尚竞选灵隐寺住持一事来到杭州，携陆羽同行。这也是陆羽第一次来到杭州探山问茶。通过皎然，陆羽认识了杭州本土高僧道标。道标的人格魅力令陆羽深为钦敬，他吸收了道标言谈中的营养，将"天人合一"的哲学思想、"崇尚自然"的美学理念与茶文化结合起来，塑成了中国茶道思想最基本、精华的内核。

除了在住处汲泉煮茗、会友写文，陆羽还常常出门去考察杭州各地的茶。那段日子是陆羽生命中的高光时刻，那种荣耀和骄傲来自内心深处，来自自我努力和自我嘉许。

唐宝应二年（763），不知不觉定居余杭双溪已三年，陆羽在考察了天竺、灵隐的茶事之后，来到了径山。和杭州很多地方一样，径山也种着许多郁郁葱葱的茶树，早在写完《茶记》之时，他就来过。

只是那时陆羽并不知道，后世径山茶会成为比龙井茶成名更早、冲破国界的历史名茶，这一切与江南"五山十刹"之首的径山寺不无关系。南宋时，径山茶成为贡品，径山寺"茶宴"爆红，大批日本僧人前来径山寺研学佛法，回国时携一缕茶香，将禅茶一味的中国传统带回了日本。日本至今盛行的茶道，就源自现在被列为中国非物质文化遗产的"径山茶宴"。

岁月不居，时节如流。如今，陆羽已逝去千年，孕育出伟大巨著《茶经》的杭州成为中国闪亮的茶都，而陆羽留在杭州的痕迹并没有被时光之手完全抹去。双溪，在陆羽曾经居住过的地方，那见证过《茶经》诞生的清泉，至今仍携着茶香脉脉涌溢。为了纪念陆羽，人们将这眼清泉称作"陆羽泉"。

陆羽泉的泉水，映照着一代茶圣在杭州的生命图景，裹挟着飘向日本的茶香，为中国的茶文化书写了不可或缺的亮丽篇章。

冷泉：泉自几时冷起；
峰从何处飞来

如果要评选出历史上最孝顺的皇帝，南宋的孝宗绝对有资格入选。

宋孝宗是宋高宗的养子，对高宗却比亲生父亲都亲。宋高宗退位后，孝宗每天在百忙之中坚持向高宗请安，时不时还挤出时间陪宋高宗聊天解闷儿。

这不，到了一年中最热的"桑拿"天，孝宗冒着酷暑来到德寿宫，与高宗坐在冷泉堂一边聊天，一边喝着冰镇美酒欣赏眼前的景色，甚是惬意。

只见一座假山巍然而立，一面峥嵘翠岩之下，一泓飞泉潺湲而下，喷珠漱玉，沁人的清凉扑面而来，就像开了天然空调。这简直就是活脱脱的飞来峰和冷泉。

宋高宗非常喜爱灵隐之景，以前空闲时常去冷泉亭闲坐。因年事已高行动不便，退休后便在德寿宫人工建造了"飞来峰"和"冷泉"。

真正的冷泉在灵隐寺西南的飞来峰下。据说起初泉面宽广可容船只通行，唐代有一位叫作元䕫的杭州刺史在冷泉中间建了一座亭子。此前，灵隐有虚白亭、候仙亭、观风亭、见山亭，加上冷泉亭，就成了著名的"灵隐五亭"。

唐长庆三年（823）八月十三日，也就是在上任杭州刺史的第二年，白居易写下了一篇千古美文《冷泉亭记》。在白居易眼里，东南山水，杭州最美，而杭州最美在灵隐，灵隐最美在冷泉。

自灵隐寺至冷泉亭一带，清涧透碧，画崖流香，是山水极胜处。冷泉亭不但构造奇特，而且地势绝佳，能将周围美景巧妙聚合，集中呈现在人们眼前。

坐在冷泉亭中，不同时间、不同状态之下感受也不同。

寒冬过去，冷泉春水初生，滋润着泉边初盛的春林，一派欣欣向荣，你会觉得生命是多么美好，人间是如此值得。夏天，坐在冷泉亭上，更是奢侈的享受——头顶的绿树浓荫是天然凉伞，面前的连绵山岩是长长的屏风，云雾从四周袅袅升起，冷泉泉水清清的，静静的，涨得和亭子的台阶一样平，似乎要将满满的清凉送到人们怀里。

那样的时刻，你会忘记酷热烦躁和人间一切的扰攘尘俗，只想时光就此永驻。你可以坐在泉边，将双脚伸入冰凉沁骨、温柔滑爽的冷泉泉水中，来个全身透心凉；也可以铺一张竹席躺在亭中，感受枕上垂钓的乐趣。无论什么人，在这里身心都会为之一新，所有的污秽、烦忧都会荡涤一空，有脱胎换骨之感……总之，个中妙处，连大文豪白居易也感到词穷，只是一个劲儿地说："就因为这样，我才认为冷泉亭在灵隐数第一呀！"

因为白居易的大力推荐，冷泉具有了高段位的美——

冷泉亭

不但本身风物美，还有了厚重的人文内涵。

文人的心总是相通的，和白居易一样，明人张岱也喜欢冷泉边的夏夜。不过此时的冷泉亭已经移了位置。宋朝有个叫毛友的郡守认为将亭建在冷泉中间，就像在镜面上画画，会破坏灵泉的纯净晶莹之美，于是就将冷泉亭从泉水中间移到了岸边。

张岱看到，亭上悬有写着"冷泉亭"三个大字的匾额，"冷泉"二字为白居易的手笔，"亭"字为苏东坡所加。苏东坡当年在杭州时，也常常来冷泉亭中，或赋诗会友，或处理公文，冷泉之水陪伴他走过最难忘的杭州岁月。

张岱果然是天下第一等懂情趣、会享受之人。他常常选择在有月亮的夏夜来到冷泉亭，在亭中铺上竹席，头枕月色，耳听冷泉泠泠然又凄清的水声，就像在自动播放丝竹管弦之乐。

皓月空明，深山清寂，张岱在泉声花影中沉醉，不由感叹：这是自己几世修来的福分，能拥有如此月夜？在西湖之上，他喜欢夜居游船之中，夜夜可见湖上之月；如今为了躲避喧嚣来到灵隐，又夜夜可见山间之月。

想到这里，张岱心中忽然生出了怅惘：这样的境界与感受，可与谁言说分享？苏东坡算是最懂西湖幽赏的人了，但他大概也没有见过西湖和灵隐的夜。最懂幽寂情致的人，除了梅妻鹤子、隐居孤山的林和靖，以及屻嵝山房的主人李芨，恐怕再没有人了吧？

相比张岱高雅的孤独，冷泉见证过另一位文人其乐融融、雅俗共赏的烟火幸福。

晚清著名文人俞曲园曾与夫人同游冷泉，在亭中休憩时，夫人看到亭上挂着一副对联"泉自几时冷起；峰从何处飞来"，便对俞曲园说："这副对联的问题，你能回答吗？"俞曲园心想，这不是小菜一碟嘛！他脱口应道："泉自有时冷起；峰从无处飞来。"夫人听了说："我看呀，不如改为'泉自冷时冷起；峰从飞处飞来'。"一番话说得俞曲园心服口服。

后来，俞曲园又和家人来到冷泉亭。这回俞曲园有意考考女儿，就让她就这副对联作答。只见俞小姐轻蹙柳眉，片刻之后答道："泉自禹时冷起；峰从项处飞来。"

俞曲园不解：第一句好懂，意思是说冷泉从大禹时期就冷起了，只是这第二句，为何峰是从"项"处飞来？俞小姐一脸得意地笑："如果不是项羽将山拔起，它怎能飞呢？"老父亲这才恍然大悟：可不是吗？项羽的《垓下歌》中就有"力拔山兮气盖世"之句。

一切过往，终成历史。在时光的流淌中，冷泉亭毁坏又翻修，冷泉湮没又重现。如今，在灵隐寺的不远处，冷泉与冷泉亭依依相伴，仿佛两枚别致的印章，点缀在天堂杭州的湖山之上。

梅花泉：从南宋"空运"来
宋高宗"直播带货"的免税美酒

《红楼梦》第十六回，贾琏护送林黛玉回苏州料理完林如海的丧事，回来时带了惠泉酒，凤姐劝贾琏的奶妈赵嬷嬷尝一尝。这里并没有描写惠泉酒的味道到底如何，但在第六十二回有了交代：宝玉过生日，芳官提到先前在家时，她可以吃两三斤惠泉酒。能让一个年轻女孩子豪饮，想必这酒定是美味无比。

现实中的确有惠泉酒，是用无锡"天下第二名泉"惠泉所酿，响当当的网红热销品。你知道吗？杭州西溪也有一种名酒可与惠泉酒相媲美，这就是梅花泉酒。

喝梅花泉酒到底是怎样的一种体验？让宋高宗来告诉你。

当东京汴梁的繁华成为昨夜一梦，南宋接力北宋登上历史舞台，宋高宗寻寻觅觅，最终选择了杭州。原本打算在西溪建皇宫，后因种种原因未能如愿，但这改变不了高宗对西溪的喜爱。西溪的幽雅野趣、散旷清淡，让看惯了北方瘦硬山水又身居深宫的宋高宗觉得身心极度舒适。

西溪的吸引力不止一点，花香、水香、梵香之外，还有酒香——西溪有着非常悠久的酿酒史，有官家酒库，也有许多著名的酒楼，西溪沈氏家族的九间楼就是其中之一。

宋高宗频频造访西溪，完全有充足的理由——作为古时杭州的东西交通要道，西溪承担了南宋都城的安全护卫功能，禁军扎营于此；此外，西溪也是从杭州前往洞霄宫的必经之路。因此，悠然地迈进西溪任何一家酒楼喝上一杯，对于宋高宗来说，是再正常不过的事。酒楼的老板们天天都在祈祷，哪天运气爆棚皇帝会驾临自己的店，那样一来，白花花的银子可就如西溪之水滚滚流进腰包里了。

这一次，幸运之神眷顾的是沈氏九间楼。九间楼的沈老板接到通知，早就马不停蹄让店里的伙计们将里里外外擦洗了三遍。沈老板亲自检查卫生，手拿一块白布，只要触到的地方有一点点灰尘，就罚伙计重擦。打扫卫生的同时，沈老板让老板娘将后院酒窖中珍藏的年份最老、品质最好的一坛酒打开，只等贵客临门。

就在沈老板和老板娘带着全体员工在门口毕恭毕敬站了不知多久，正要打起瞌睡之时，突然听到一声"皇上驾到"，众人立刻打起精神下跪迎驾。

宋高宗看起来心情不错，笑眯眯地大踏步走进门来。酒楼内早已清场，一个客人也没有，沈老板忙不迭跑上前来，引皇帝进入一个装修精美的包间，这包间自然也是店里最好的。

坐定之后，沈老板即命伙计拿上酒来，自己小心翼翼斟了一杯，双手举过头顶奉上。高宗喝了一口，沈老

梅开西溪，梅花泉香

板紧张地注视着皇帝的面部表情，大气都不敢出。

　　只见高宗起初轻皱双眉，继而微微歪了歪脑袋，嘴唇动了两动，就像吃完糖的小孩子咂摸回想嘴里的余味，最后，满脸堆笑连说："好酒好酒！不输惠泉之酒！"

沈老板心里一块大石顿时落地，赶忙接话："皇上果然品位不凡，这酒同惠泉酒一样，也是用上好泉水所酿。"

"哦？什么泉水？"

见高宗颇有兴致，沈老板也放松了不少，开始侃侃而谈："此泉为西溪名泉梅花泉，生在万树梅花中。西溪是赏梅胜地，梅花到处都有，梅花丛中的泉水也比比皆是，但这眼灵泉与他处不同——它涌出时水花朵朵呈五瓣梅花状，甚是神奇。不仅如此，此泉之味也尤为甘美。因此小人取梅花泉水，用粳米、糯米、小麦等作原料，经筛选、浸泡、蒸饭、摊冷等十几道工序，封存三年以上，酿成了这梅花泉酒。"

宋高宗听罢，不断点头。早就听闻此地人具有精益求精、追求极致的工匠精神，今日从西溪酿酒人身上可见一斑。高宗心里又是敬佩又是感动，他想：这样精心酿造的美酒不可多得，应该免征酒税才对啊！如此一来，朝廷可能会少了些财政收入，但宋高宗不后悔做这样的决定，他觉得非如此不可。

于是，宋高宗命人拿来纸笔，"唰唰唰"写下"不为酒税处"几个大字，这些御笔亲书的字将被刻成碑，立在九间楼大门外。沈老板乐得嘴都合不拢，连皇帝都放低身段"直播带货"了，九间楼生意能不火爆吗？

酒后稍作歇息，宋高宗说想去看一看梅花泉，沈老板当仁不让做了向导。

梅花泉在杨家牌楼柏家园，穿过飘着香气的茶丛和翠影摇曳的竹林，在华亭和石坞间，有一泓清泉隐在梅花丛中，这就是梅花泉。走近细看，只见水面不断涌出一个接一个拳头大小的白色浪花；凝神观察，每朵浪花果真酷似梅花盛开。造物之手何其妙哉！

宋高宗惊叹之余，便命人舀了一勺梅花泉水，他要好好品尝一下是什么样的泉成就了那样的酒。一勺泉水下肚，联想起此前所饮梅花泉酒，高宗觉得借用欧阳修《醉翁亭记》中的句子"泉香而酒洌"来形容好泉出好酒的妙处，是再贴切不过。

因为宋高宗的给力宣传，梅花泉酒名扬天下，也吸引了很多人来一睹梅花泉的"芳容"，从南宋到明清，为梅花泉和梅花泉酒写诗的人不计其数。

明代诗僧释大善在《西溪百咏》中写道："乱草斜滩隐碧洼，自怜澄洁映明霞。旋旋沙吐三潭乳，泛泛星浮五瓣花。分似惠山增茗味，散为秋雨益田家。清泉也道梅花好，亦向西溪竞彩华。"可见明代的梅花泉虽隐身在乱草斜滩之中，但其本身的美却无法遮蔽。

一眼泉水穿过重重泥土的束缚，在世界上找到了自己的位置，实现了作为水的价值——既美妙，又实用，无须过多虚浮的品评，一代又一代人自会记住它。

在漫长的岁月里，梅花泉坚韧地承受着岁月所给予的一切，却不幸在新世纪之初被埋入地下，但人们都知道，它还在。

中华人民共和国建立前夕，西溪还有梅花泉酒在酿制，后因种种原因，梅花泉酒消失了。但西溪人民不会放弃，几经辗转，当地政府找到了梅花泉酒传统酿造技艺传承人岑琪琳。2006 年，梅花泉酒入选杭州市非物质文化遗产名录，而梅花泉的再发掘也提上了日程。

　　不久的将来，梅花泉与梅花泉酒，会再现"泉香酒洌"的美好画面。我们可以穿越时空，看到宋高宗等古人看过的梅花泉，喝上宋高宗"直播带货"的从南宋"空运"来的免税美酒。且拭目以待。

掬月泉：梅月沁心，松风砭耳，
见证东坡生日灵峰雅集

在中国历史文化名人中，苏东坡的人格魅力可谓强大。在他故去八百多年以后，还有粉丝记着他的生日，并以一种特别的方式来庆祝。

清宣统二年（1910），正值"梅花风雪满江南"的深冬时节。这一天，是十二月十九日，二十八岁的沈尹默走在去往西湖北山灵峰的路上。寒意袭人，沈尹默的心里却涌动着春意，他即将赶赴的这场约会，意义非同一般。

随着脚步行进，清幽之气越来越浓。沈尹默看到在灵峰寺西边，新栽的梅林掩映着一座构造精巧的新建三楹小屋，周庆云正站在阶前，面含微笑迎候客人。

沈尹默看着匾额上的"补梅庵"三字，向周庆云拱手道："恭贺周兄补梅庵落成，只是我有一事不明，落成之礼为何选在今天，是否另有深意？"周庆云回他一个意味深长的笑："今天是苏公生日。"沈尹默恍然大悟。周庆云一向视苏东坡为偶像，因此取别号"梦坡"。至于"补梅庵"得名的由来，则与灵峰寺有关。

灵峰寺原本是吴越国时期建成的鹫峰禅院,当时规模宏大,占地数千亩,僧众有几百人。到了宋代,改名为灵峰寺,苏东坡曾到访,后屡毁屡修,所幸这一脉香火始终不曾断绝。

清道光二十三年(1843),杭州地方官中有一位名叫固庆的将军来到灵峰游览,他看到二十多年前由父亲萨果恪赞助重修的灵峰寺,所处之地幽僻安静,有一种自然天成的空灵清旷之美。突然,一个富有创见的想法浮现在固庆脑际:这样的地方,与梅花最配!于是固庆拨给灵峰寺款项,令寺僧在周边遍植梅树。

两年之后,梅林如海,梅花开时如片片香雪笼罩灵峰。固庆欣喜之余,写了一篇文章来记述灵峰寺的兴衰及种梅经过,这篇文章后来被刻成了碑,即《重修西湖北山灵峰寺碑记》。自此,在孤山、超山、西溪之外,杭州又多了一处赏梅胜地。自古以来喜欢亲近山水、懂得品赏自然风物的杭州人当然不会放过这个绝佳机会,"灵峰探梅"从此声名鹊起,引得无数文人雅士前来寻幽赋诗。

掬月亭

只可惜，清咸丰十一年（1861），太平军攻入杭州，灵峰梅林毁于战火。当周庆云来到灵峰，看到眼前一片破败，不禁感到锥心之痛。此前，周庆云曾得到一幅杨蕉隐所画的《灵峰探梅图》，画上有十八位咸丰、道光年间的文坛大咖题咏，记录着灵峰胜境过往的美妙和风雅。画中之境与目中所见形成了巨大的反差，周庆云决定尽力修复这一缺憾。

周庆云是一位有情怀的儒商，他出资在灵峰补种了三百株梅树，又在灵峰寺之西修建了"补梅庵"，给自己取了第二个别号"灵峰补梅翁"。周庆云本是浙江乌程（今浙江湖州南浔）人，后长时间居住杭州，他热爱着这片山水灵秀、文心锦绣的土地。

灵峰补梅之后，周庆云还重修了秋雪庵，建造了两浙词人祠，与张宗祥补抄文澜阁《四库全书》（即"癸亥补抄"），撰写《西溪秋雪庵志》《灵峰志》……凡此种种，为杭州的文化传承作出了不可磨灭的贡献。

在沈尹默之后，陆续有沈钧儒、戴启文、李宗贤、蔡宗襄等十四人来到补梅庵。四十七岁的周庆云容光焕发，似乎一下子年轻了好几岁，他兴奋地带着朋友们四处参观。在补梅庵右边不远处，有一小小泉池，清澈玲珑，煞是引人。走近细看，泉内壁上嵌着一方汉白玉刻石，上面用篆书写着"掬月泉"三字，这正是主人周庆云的手笔。

"'掬月泉'之名可是从唐代于良史《春山夜月》诗中'掬水月在手，弄花香满衣'一句变化而来？"沈尹默按捺不住好奇心，抢先发问。

"不错，正是。当初建补梅庵时，工人在此掘地出泉，我见这小泉清透如许，且娇小可爱，似盈盈一掬、容月其中，便取了这个名字。"周庆云的回答，博得一阵称许。

再看那方刻石，"掬月泉"三个大字以左，依然是篆体所书的字，只不过略小些，有人轻声念了起来："宣统二年，乌程周庆云于灵峰山中起屋得泉，清宁容月，恍若可掬，爰作兹名以谂来游。"

掬月泉前，有一小屋，颇似在水中行驶的小舰艇，周庆云说："因为它形似小艇，所以我叫它'掬月艇'。"大家都在感叹"掬月艇"这个名字别致时，周庆云指着掬月泉后面的一排长廊说道："你们看见了吗？这就是原来灵峰寺的废殿，我把它改建成了长廊，长廊边那几棵松树是罗汉松，已经有些年头了。"围墙之外，几丛茂密的青竹从墙上探进头来，与墙内的罗汉松翠色相映，更显这一处山居之幽雅。

参观完毕，周庆云邀众人进入补梅庵内以尽地主之谊。室内生着炉火，温暖如春。待宾主一一坐定，烫好的美酒就端了上来，宴饮雅集正式开始。十六位名士欢聚一堂，谈笑风生，言谈之间不外诗书逸事，好不快活！这一幕，深深留在戴启文的记忆里，他随后在诗中记录了这一动人场景："方外留佳处，座中无俗宾。红炉呼暖酒，斗室笑生春……"

文人相聚，少不了吟诗作文。案头，白色的大幅宣纸已然铺开，沈尹默受周庆云所托，当仁不让一展书才，他悬腕运笔、龙飞凤舞写下了《灵峰补梅记》和《东坡生日灵峰宴集序》。写完《灵峰补梅记》后，沈尹默看到三页纸中的最后一页还有空白，便又写下一首诗："种梅人不见，花发逐飞尘。古寺惊烽火，清尊失主宾……"

书毕，众人纷纷点赞。沈尹默虽年轻，书法造诣却非一般。接下来，由东道主周庆云挥洒墨毫。他略一思忖，一口气写下了《自作补梅灵峰四律》，又补录了好友屠辅清和同乡蒋殿襄为补梅庵所题的诗。戴启文写了《幽绝灵峰寺诗》及《雅人具深致诗》，戴振声写了《灵峰补梅图二律》，其余如徐子升、褚成昌、李宗贤、蔡宗襄等人，也都一一献诗作为贺礼。一时间，补梅庵墨香盈室，笑语温存，无尽风流雅致。

入夜，月上中天，形似半块玉璧。有人提议去掬月泉边赏月，都是文人，诗心同一，又有谁会不向往掬月泉边的月夜雅集呢？于是一行人浩浩荡荡来到掬月泉边。

是夜，天朗气清，碧空一无所遮，半璧月亮映在掬月泉中，真个似有一双女子的纤纤玉手将月亮捧在手心里一般。明月如霜，好风如水，月色与水光交融生辉，泉中月影，似远还近，如同诗与人生。此番景象，比之西湖月夜，自有别样风致。

好友在侧，美景入目，周庆云不禁感慨万端，他多想将这美好的时刻永久留藏！此时一阵风过，长廊边的罗汉松送来阵阵松涛，梅花的暗香也丝丝缕缕沁入鼻中，真个是"梅月沁心，松风砭耳"！胸中的诗情怦然涌动，周庆云不禁吟起了屠辅清诗中的句子："泉清掬得一轮月，亭好浑成两壑雷。"

周庆云话音刚落，戴启文接着吟道："补梅花有主，掬水月为邻。"沈尹默立刻接上："三椽写新构，百树复前盛。障岩修竹密，凿土方池净。惬心在寓目，苍翠深相映。"

此后，心照不宣的李宗贤和蔡宗襄又分别吟出了"潭

影空明长掬月，松涛奔赴恍闻雷" "尽堪泉掬古今月，
奚事山寻大小雷"的诗句。

周庆云在喜好诗文书画和文物收藏之外，还善弹古
琴。如此良宵，应众人请求，周庆云在掬月泉边献上一
曲，为此次雅聚锦上添花。"琴淡得古趣，心清闻妙香"，
韵味悠长、浑厚苍凉的琴音如水般弥漫开来，顿时使所
有在场的人起了远古之思。

掬月泉静默无声，细细倾听着琴音、松涛、风吟、
诗诵以及梅蕊绽开的声音，它用水面微微映射的清幽月
光，也为这动人场景再添神来之笔。

再美的当下，也会成为过往。多年以后，补梅庵、
掬月艇在岁月的消磨中踪迹杳然，掬月泉边的灵峰雅集
参与者均已作古，只有掬月泉的那一泓清浅仍在，这是
杭州文脉延续的象征。

周庆云曾说："山水胜地，非人力可攫为私有也。
吾至且主，吾去则来游者尽主人也。"在杭州生活多年，
杭州人开放包容的胸怀、乐观积极的态度以及对精神富
足、文化审美的极致追求，对自然风物的珍爱与尊重，
已深深影响了周庆云，他并不认为自己是补梅庵永远的
主人，没有谁能独做风景的主人，美属于爱赏它的所有人。
正因如此，周庆云之后，灵峰胜境才能在世事风霜的侵
蚀之下，在杭州人的努力呵护之下，作着顽强的坚守，
直至迎来新生。

1986 年，杭州市园林文物局重修灵峰，新建亭廊屋
舍，再植梅树。1988 年，灵峰胜境再次惊艳亮相杭州。
掬月泉风采依然，泉壁上当年周庆云所撰书的字迹清晰
可见，泉旁新建了掬月亭，种梅人固庆当年所书的《重

修西湖北山灵峰寺碑记》立于亭中，亭柱上是民国著名才子黄文中所书的楹联："莫对青山谈世事；此间风物属诗人。"

　　灵峰胜境重现风华，种梅人和补梅人虽已不见，但一百多年前，苏东坡粉丝在补梅庵的风雅旧事，已被掬月泉见证并记取。杭州厚重的历史文化，借着梅花和清泉，以另一种特别的方式浸润世人之心。

西泠四泉：君子以金石
雕刻时光、印记生命

2020年11月，浙江卫视人文精品纪录片《西泠印社》惊艳亮相，一时间圈粉无数。很多人这才发现，外表高冷的西泠印社，其实一景一物、一石一泉都饱含着人的情感和温度，都有着别样的故事。

心心相"印"

"西泠有四泉，印潜与文闲。"西泠四泉，天下闻名。顺着孤山缓步向上，依次可看到印泉、潜泉、文泉、闲泉。

进入西泠印社，过仰贤亭向北，在鸿雪径之左可看到石壁下一泓泠泠清泉，如明镜倒映着天光云影，石壁上刻着两个大字"印泉"。谁能想到，这颇具汉碑风貌的书体，竟出自一位外国人之手，而且这个人还是吴昌硕的"铁粉"。

1912年的一天，上海"六三园"翦淞楼内人头攒动，不时可见文化艺术界名流大佬出入穿梭——这里正在举办吴昌硕书画篆刻作品展。

"六三园"是日本人白石六三郎的私人花园，是当时上海最大的雅集会所，也是中日两国文化艺术交流的场所。曾接待过爱因斯坦夫妇的实业家、书画家王一亭，将好友吴昌硕引到了"六三园"，并为他策划了这次作品展。

和许多前来观展的人一样，长尾甲也怀着强烈的渴慕之心，央友人介绍他与吴昌硕相识。在日本，长尾甲是妥妥的名人：出身名门，东京大学毕业的高材生，曾任职教育部，年纪轻轻就担任多所院校教授……但在吴昌硕面前，长尾甲有着发自内心的谦恭。因为吴昌硕的身后，是令人敬畏的、博大精深的中华传统文化。

起初，时年六十九岁的吴昌硕并不觉得眼前这个小自己二十岁的、身形健硕的日本人有什么特别。一番交谈之后，吴昌硕深为感动，有一种偶得知音之感。他们的话题从长尾甲的偶像苏东坡开始，延伸到诗词、书法、绘画、篆刻……吴昌硕惊异于长尾甲对中国文化的痴迷之深与了解之透。

在与吴昌硕初见之时，长尾甲已在中国住了十年。当时初创的商务印书馆是和日本书商合办的，长尾甲担任小学教科书编写的顾问。他并没有想到，一次看似寻常的观展经历，会为自己带来一位终生不渝的忘年交。

诗书画印是中国文化艺术最奇绝的四大峰峦，诗书画历来名家辈出，唯金石印学似乎算不得热门，但仍拥有许多痴迷者和爱好者。四个年轻人在杭州孤山创立西泠印社，放眼海内，堪当社长重任的最佳人选，非大器晚成的吴昌硕莫属。

与长尾甲相识一年后，新当选的西泠印社第一任社长吴昌硕在发展第一批会员时，邀请长尾甲加入。长尾甲的到来，让西泠印社多了新鲜的异国元素，也让印社的站位更加高远，有了国际性的意义。

在首任社长就任、西泠印社成立十周年的隆重庆典仪式结束后，吴昌硕与丁辅之、长尾甲等人一同观览印社风景。在仰贤亭北、鸿雪径旁，吴昌硕看到以前未曾见过的一泓清泉汩汩流淌，便问这泉是如何得来。丁辅之回答："两年前夏天久雨不晴，印社界墙坍塌，印社同仁在清理界墙淤泥时，掘地得到此泉。今年春天再次疏浚挖深，便以'印'为名，取名'印泉'，以期清泉涤荡印人之心。此外，南朝宋梁州范柏年有'廉泉让水'之高风，印社中人也将此'印泉'称为'廉泉'。"

吴昌硕颔首赞道："好一个清泉涤荡印人之心！此泉当为石铭，诸君谁来献艺？"跃跃欲试者大有人在，吴昌硕却将期待的目光聚于长尾甲身上。当长尾甲用大笔浓墨挥毫写完"印泉"两个大字，又以小笔题款之后，众人齐齐鼓掌欢呼，想必大家心中都明了吴昌硕先生此举的深意。

匆匆又是一年，第一次世界大战爆发，长尾甲不得不归国。此后山高水长，他与吴昌硕只能鸿雁传书，倾诉别情，探讨艺术。长尾甲将吴昌硕以及中国的金石印学带到了日本，扩大了西泠印社在海外的影响力。

其实，吴昌硕的海外粉丝，长尾甲不是第一个，也不是最后一个。早在清光绪十七年（1891），当时在日本享誉已久的书法家、碑学大师日下部鸣鹤曾专程远道而来拜访他素仰多年的吴昌硕。日下部鸣鹤之后，其弟子河井仙郎师从吴昌硕专修篆刻，学成归国后又培养了西川宁、小林斗盦等一代日本篆刻大师，而西川宁和小林斗盦等人又培养了一批再传弟子……中国的金石文化

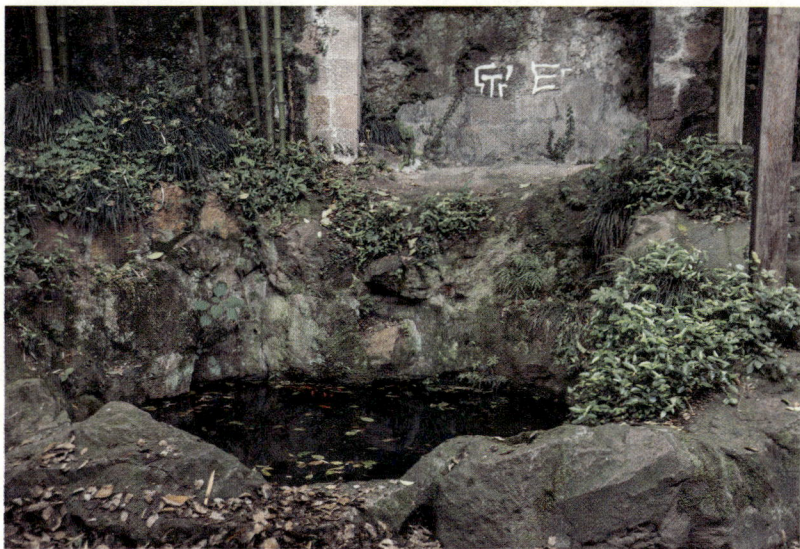

印泉

就像河井仙郎从一代篆刻宗师赵之谦墓地上带回去的六月雪一样，在日本抽枝散叶、不断繁衍，遂成一片蔓延之势。

时至今日，吴昌硕和长尾甲已作古多年，印泉依然清澈，"印泉"石铭依然清晰可见，而中国篆刻艺术入选了人类非物质文化遗产代表作名录，西泠印社已成为全世界金石印人共同仰望的圣山，只有三十五米高的孤山，其精神海拔堪比喜马拉雅，直逼日月。这是所有印人的荣耀和安慰。

通往杭州孤山的路，成了一条全球朝圣之路。在这条路上走着的，除了当代法国籍篆刻家、西泠印社社员龙乐恒，日本女书法家大门玉泉，还有不计其数的来自世界各地的热爱金石之人。

是什么原因，让西泠印社这个私人结社的团体有如此强大的生命力，不但躲过了岁月之手，历百年沧桑而愈加青春，而且让能量辐射全世界，充斥整个天地之间，令全球金石学人心心相"印"？或许，答案就藏在另一眼泉水之中。

"潜"隐金石

年少时友谊的可贵，不仅在于纯真，还在于可能会改变命运轨迹。如果没有遇见叶为铭，吴隐的人生或许是另一番模样。

当十几岁的吴隐背着一箱书从老家山阴（今浙江绍兴）来到杭州，成为一名碑版铺学徒的时候，他对未来的想象还模糊不清。年纪不大，但吴隐心气颇高，他并不满足于做一个打工人，刻苦学习碑刻技艺之外，他还苦读诗书，四处搜求金石拓本临摹钻研，一时之间小有名气。

尽管如此，吴隐却深知艺术世界广阔无垠，自己要学习的还很多，急需良师指点。或许是上苍怜惜吴隐的灵气与努力，让他有机会结识了同样热爱金石碑刻的杭州子弟叶为铭。叶为铭拉着吴隐拜入一代名家戴用柏门下，与自己一起学习。多年后，叶为铭还清晰记得和吴隐共卧一榻、抵足而眠，在风雨潇潇中不知疲倦谈论金石的场景。

清光绪十九年（1893），二十七岁的吴隐离开杭州到了上海，在事业更上一层楼的同时，也结交到了上海很多顶流大师级人物，吴昌硕就是其中之一。吴昌硕不仅十分欣赏吴隐的才学，还对他的人品赞誉有加，得知吴隐的妻子过世，吴昌硕将朋友的女儿、同样精于书画篆刻的才女孙锦介绍给吴隐作继室。

有良师益友再加贤内助的支持，吴隐不但成了浙派篆刻高手，还充分发挥自己的商业天赋，在上海文化艺术圈以文经商，从雕版作坊、研制印泥再到编辑出版印谱、开办书店，形成了产业一条龙，成就极大。

光绪三十年（1904）的一天，身在上海、事业正处于上升期的吴隐，接到好友叶为铭的书信，邀他赴杭州共商大事。就这样，吴隐、叶为铭、丁辅之、王福庵开始走上了创立西泠印社之路。

当时"西学东渐"风潮刮得正猛，连光绪皇帝的案头都摆满了各种外国书，这四位年轻人却决意逆风而行，从中国古老文字的源头找寻中华文明自信。此后，四人几乎将生命的全部热情投注在西泠印社，其中吴隐贡献重大。

在研习金石之余，吴隐不但为印社提供大额经济赞助，而且积极为印社推荐人才、发展会员、寻求政府法律庇护，他还发挥自己善于经营谋划的所长，以西泠印社的名义创制印泥、创办我国第一家印学专业出版社，对于扩大西泠印社的知名度和影响力、开创我国近代金石印学研究事业功不可没。

1915 年，四十九岁的吴隐事业达到巅峰，遂出资在西泠印社西邻购得地皮一块，与丁辅之最先捐献给印社的丁家地产连成一片，印社规模进一步扩大。吴隐在新购的土地上建了遁庵，遁庵背倚孤山、面朝西湖，左边峭壁矗立，是绝佳的览胜所在，只是地底潮湿。此前社内的山川雨露图书室遭遇过同样的问题，因靠近石壁，地面潮湿，后来在石壁下开凿印泉后地面才恢复干燥。

杭州多泉，孤山泉更多，吴隐断定此石壁下必有泉，于是找人掘开壁下泥土。果不其然，一股清泉喷涌而出，吴隐将它命名为"潜泉"。

为何叫这个名字？《诗经·小雅》有诗曰："潜虽伏矣，亦孔之昭。"《尔雅·释言》中说："潜，深也。"泉本流淌于地面之下，经泉眼而出被世人看见，"潜"是泉的本质，研究学问的人应该像泉水一样沉潜静心，方能走向高远。

除却这个原因之外，"潜泉"这个名字也与吴隐的名字、人生追求暗合。吴隐，字石潜，之所以叫"隐"，是追慕先祖遗风。作为延陵季子的第八十八世孙，吴隐以承继君子之风为人生信条。延陵季子为春秋时吴国公子季札，曾三让王位、隐居躬耕，被孔子称为"江南第一君子"。遁庵与潜泉，是对先祖的致敬，也是吴隐的自我期许。

许是过于操劳，吴隐不到六十岁就因病离世。如今在潜泉近旁，吴隐的石像安然而坐，静静守护着这片他

潜泉

曾经用生命热爱着的土地。隶书"潜泉"石刻、篆书《潜泉铭》石刻及隶书《潜泉记》石刻，共同诉着说一段久远的历史。

吴隐逝世后，丁辅之、王福庵、叶为铭不忘初心，尽一切力量护印社于风雨沧桑之中。在四君子的精神感召和金石文化魅力的吸引之下，无数君子走向西湖孤山，不但将自己的生命托付给印社，而且将印学精神辐射四周、代代传承，这正是西泠印社生命之树长青的秘密所在。

那么，金石君子何以有如此巨大的精神力量，金石文化又何以具有如此巨大的魅力？这就要说到西泠印社的另一泉——文泉。

斯"文"在兹

西泠印社一直有个遗憾：西泠四泉中，印泉、潜泉、闲泉，清泉与铭石俱在，唯文泉石刻经岁月漫漶难寻踪迹。

2018 年，正值西泠印社创社一百一十五周年前夕，西泠印社工作人员像往常一样清理淤泥和藤蔓枯叶时，隐约看到石壁上有字迹，就加紧了清理速度，最终那两个大字显露出来，居然就是世人期盼已久的"文泉"。这两字之所以珍贵，是因为它们出自晚清著名学者俞曲园之手。

清光绪三年（1877），孤山脚下、西子湖畔矗立起了一座新建筑，吸引了无数杭州人的目光。这座名为俞楼的建筑，是俞曲园的学生给老师的献礼。俞曲园是当时"全浙最高学府"诂经精舍的校长，讲课极受学生欢迎，桃李满天下，历史上许多响当当的文化名人都曾是俞曲园的弟子。

　　当年为俞楼选址时，俞曲园和一位名叫徐花农的弟子在孤山考察，从鹤守岩北边的山坡向上攀爬之时，他们发现藤萝掩映的石壁上有"斯文在兹"四个大字和"赵人张奇逢题"六个小字。

　　"斯文在兹"一语出自《论语·子罕》。两千多年前，孔子和弟子赴陈国时在匡地被围，匡人误以为孔子就是曾经对匡国施暴的阳虎，形势危急，弟子们有点焦灼，但孔老先生却淡定说道："文王既没，文不在兹乎？"没有了文王，文道之命脉还在这里啊！他坚信自身担负有传承礼乐文化的天命，文脉将由他而得以传承。

　　张奇逢又是何许人也？大家一时还不得其解，因学生们忙于修建俞楼，而俞曲园要教学著书做学问，也非常忙碌，这件事就这么过去了。

　　三年之后，俞曲园和弟子们来到孤山，再次看见这些石刻。俞曲园对弟子们说："经过查证，张奇逢是河北获鹿县人，在顺治年间曾任杭州知府。""也就是说，这大小十个字已经刻在这里二百多年了。"众人纷纷觉得这些刻石非同寻常，经过一番商议后，就靠着石壁建了三座简易小亭来保护这些刻石，亭名"文石亭"。

　　后来，俞曲园和弟子们又在文石亭东面的山坡上发现了一汪阔大泉池。"斯文在兹"石刻就在近旁，俞曲园就将这眼泉水命名为"文泉"，并书"文泉"两个大字镌刻于泉边石壁之上。

　　俞曲园大概没有想到，在他故去多年之后，却因一个人而与文泉再次产生了交集，这个人就是俞曲园的名人弟子之一——吴昌硕。

当年，二十六岁的吴昌硕来到杭州，求学于诂经精舍，跟随名儒俞曲园学习近两年。之后的岁月里，吴昌硕也会时不时来到杭州向俞曲园请教诗书画印之道。吴昌硕五十七岁时还曾持自编的《缶庐诗续》向曲园师请教，让老师为自己的作品集作序。

西泠印社成立后，吴昌硕担任首位社长。文泉石刻旁，多了一处摩崖石刻——篆书"西泠印社"，这也是西泠印社最鲜明的标志。吴昌硕以这样一种特殊的方式，与老师重聚，中华文化也正是这样一代代得以传承。斯文在兹，文脉长存，西泠孤山，金石永续。

如歌岁月中，吴昌硕和俞曲园早已作古多年，西泠印社中的文泉仍然清可鉴人，但"文泉"石刻的命运却有些坎坷。

据史料记载，早在清末，俞樾手书的"文泉"刻石就因水流冲激而开裂，直到 1949 年后才加以重刻。但这并没有令人欣慰多久，因处石壁低位，与泉面接近，石刻难免受到泉流冲击，再加风雨剥蚀，后来石刻再次被毁，"文革"后得到重刻，后来又湮没无踪。

就像中华文明的文脉从来未曾断绝一样，文泉长流，"文泉"刻石就不会真的消失。如今刻石重见天日，"西泠四泉"齐聚首，清清泉水，映照出无数印人清亮的双眸。君子以金石雕刻时光、印记生命，湖山会永远记着他们。君子的精神力量之源和金石文化的魅力之源，其实就来自深植中国人心中的悠久厚重的传统文化。

虽然金石君子们爱文化、爱印学就像爱生命，但如果你据此认为他们个个是"书呆子""工作狂"，那可就错了，他们其实是一群有趣的灵魂。

人去泉长在，人忙泉自"闲"

抛开厚重的人文内涵不谈，仅仅以观赏的眼光看，西泠印社就是一座具有浓郁东方艺术美感和典型中国文人气质的江南古典园林。

在西湖柔婉澄碧的眼波注视之下，西泠印社顶着满山茂林修竹，如同青春男子浓密蓬勃的须发，点点清泉如妙龄女子善睐的明眸，陡峻岩壁如古圣先贤屹立的身姿，玲珑奇石是造物主想象飞动、妙思凌空的创意，亭塔楼阁又体现了建筑大师的高段位审美与匠心独运……

研究金石印学的智慧大脑们，并非不食人间烟火。他们也是人，和我们一样有七情六欲，也需要休闲和放松，他们也会在闲暇时雅聚宴饮，谈诗论文，欣赏风景，舒缓身心。

1921年，有一位名叫张钧衡的金石学家慕名来到西泠印社，他见文泉东边那一片土地异常潮湿，便疑心地下应有暗泉。此前，张钧衡读宋代《咸淳临安志》，其中记载孤山玛瑙坡旧有闲泉，玛瑙寺住持智圆禅师曾写有"闲泉澄极顶，幽径入深丛"的诗句。另一位宋代诗人郭祥正也写有"人去泉长在，人忙泉自闲。不供鱼鸟饮，只是照青山"的诗句。

张钧衡是吴兴（今浙江湖州）人，他爱极了杭州的清远山水和文采风流。自从读到关于闲泉的诗句后，文人品泉的风雅图景便在他心中留下了深深的印记。经过多方考证，张钧衡认为宋代名泉闲泉应该就在文泉之东的潮湿之地，于是便同西泠印社的丁辅之、叶为铭商议，想要复掘闲泉。

在创社四君子的支持下，由张钧衡出资主持的闲泉复兴工程即刻开始，不出所料，那片潮湿的土地下面果然潜流着汩汩清泉。看着清澈明净的泉水涌流不息，张钧衡和印社同仁都露出了欣喜的笑容。

诗书画印是美与韵的艺术品，西泠印社就是集聚艺术品的艺术品。孤山与梅花历来是绝配，南宋绍兴年间孤山曾建有凉堂，遍植梅花，复现了林逋诗中"疏影横斜水清浅，暗香浮动月黄昏"的场景。闲泉发掘出后，张钧衡追慕古迹，请人在闲泉边建造屋宇，仍命名为"凉堂"，周围种植千株梅花。泉映梅影，梅分泉香，闲泉之美，在张钧衡眼里不亚于西湖十景。

为了纪念这段风雅往事，张钧衡在题襟馆西的石壁上题刻了篆体"闲泉"二字，又以隶体字书刻了《闲泉记》。

闲泉

如同一本书的序言，纪录片《西泠印社》只是一个美丽的引子，引领世人看到百岁西泠如海般的浩瀚之美，而西泠四泉是其中最闪亮的浪花，在湖山静美的怀抱中，映照出中国金石文化的过去、现在和未来。

金鼓泉：探秘金庸小说中的
山洞实景

金庸小说中，侠客与道士是常见主角，山洞则是频繁出现的故事现场。那些山洞隐匿在人迹罕至之处，幽深、神秘，以极强的诱惑力促使人们想一探究竟。

如果现实中能够找到那样的山洞，你愿不愿前去探秘？不妨让我们穿越到清代，跟随一位名叫周太朗的人踏上探秘之旅。

金庸小说《射雕英雄传》和《神雕侠侣》中都出现了丘处机这个人物形象，历史上丘处机确有其人——他生活在宋末元初，为道教全真道创始人王重阳的弟子，其所创的龙门派后来成为传承全真道的主要教派。

康熙五年（1666），距丘处机离世已四百多年，全真龙门派第九代弟子周太朗云游至杭州，在西湖北山栖霞岭西北角的一个山坳里，被一个洞穴迷住。周太朗的人生从此打开新天地，龙门派也多了一个新支派。

迷住周太朗的洞名叫金鼓洞。明代田汝成在《西湖游览志》中记载，旧时有人在这里开山采石，听闻地下传出金鼓之声，赶忙住手，不想凿过的地方已形成了一

209

个山洞，金鼓洞之名即由此而来。宋代有"栖霞岭不得伐石"的规定，据此推断，金鼓洞应该在宋以前就出现了。

云雾缭绕、竹木掩映之中，巨大的绝壁山岩洞开一门，竟不像人工开凿，颇有神工鬼斧之天然感——这就是金鼓洞洞门。从洞口流出一泓清泉，在洞右依岩聚成一个泉池，泉水清澈见底，有小鱼悠游其中。周太朗捡起一颗小石子投入水中，水石相遇奏出动听的乐声，有丝竹之韵。这就是金鼓泉。

站在金鼓洞口，一股凉气扑面而来，顿时令人神清气爽。洞内宽广如厅堂，一佛龛中供奉着观音大士。如此仙气飘飘所在，正是修行佳地。周太朗不管三七二十一，盘腿在洞内打坐。等到当时金鼓洞的主人慧登禅师从杭州城内赶回来时，周太朗已打坐了三天三夜。慧登禅师非但没有怪罪周太朗，还将此洞让给了周太朗，说自己在城内另有佛堂精舍，让周太朗尽管放心在此修道。

周太朗以金鼓洞为根据地，一边修道一边广收门徒，从最初的茅草棚到后来的筑屋建阁，周太朗为杭州增添了一处著名道观，也开创了龙门金鼓洞支派。金鼓洞派创立后，前来参玄学道者云集，全真龙门派的重心自此从北方转移到江南。

康熙五十年（1711），八十四岁高龄的周太朗逝于金鼓洞。他没有看到，金鼓洞日后成为鹤林道院的一部分，道院的斋厨就设在金鼓泉附近。金鼓泉与金鼓洞像尘世中的一对密友，相依相伴穿过风云变幻，成为中国道教发展历程中不可或缺的元素。

鹤林道院这个名字的来历，颇有几分神异色彩：据说乾隆四十六年（1781），一位名叫顾涑园的官员在金鼓洞访道避暑，一天早上他发现了一件怪事，一夜之间，原本空空如也的墙壁上出现了"飞来野鹤"四个大字，更奇的是这四个大字不像惯常那样从右向左排列，而是像梵文《贝叶经》那样从左到右书写。

人们闻讯纷纷赶来围观，大家都觉得那四个大字笔势飘逸有凌云之气，不像食人间烟火者所能写出。"莫不是'榴皮画壁'再现？"有人说。

"榴皮画壁"是道教典籍《吕祖汇集》一书中记载的故事。北宋熙宁元年（1068）八月十九日，道教全真派祖师爷吕洞宾经过湖州东林时，拜见了一位姓沈的隐士。沈隐士爱好藏书，也擅长酿酒，他拿出家中所有美酒招待吕洞宾，两人的会面非常愉快。临别时，吕洞宾为了感谢沈隐士，就用石榴皮在墙壁上题了一首《题赠东老诗》。后来苏东坡听说了"榴皮画壁"的故事，还写了三首和诗来向吕洞宾致敬。

虽然"榴皮画壁"是个道教传说，但当时的人们对此深信不疑，并且都认为是吕洞宾显灵写下了"飞来野鹤"四字，因此金鼓洞道院就正式命名为"鹤林道院"。

"飞来野鹤"四字与吕洞宾的画像一起成为鹤林道院的镇院之宝。因为它们背后的神奇传说，鹤林道院名声大振，每天最多时有上百人来寻道求法。由于清朝统治者的抑制，道教在全国走向衰落，但杭州却是个例外，金鼓洞鹤林道院的繁盛，也引起了乾隆皇帝的注意。第一次、第五次巡幸杭州时，乾隆曾来到金鼓洞游览，并写有多首《金鼓洞》诗，其中一首写道"武穆孤坟近其下，至今金鼓气犹雄"。

金果泉

　　乾隆在这首诗里为什么要提到岳飞坟墓？金鼓洞和岳飞有什么特殊渊源？这源于民间对金鼓之声从何而来的猜测——金鼓洞不远处是岳飞坟墓，也许是岳王意气难平，死后在九泉之下仍念念不忘收复失地，因而鸣金击鼓，一泻胸中块垒。

　　抛开这个猜测不谈，现实中岳飞的确与金鼓洞有密切关联——金鼓洞第十一代弟子岳一模为岳飞后裔。栖霞岭大道西至鹤林道院山门的山地，本为岳庙旌功山。岳一模看到这条进入金鼓洞的山道崎岖难行，就与族人商议后捐出那片山地，并众筹资金、耗时六年修成了一条青石板大道，为鹤林道院的兴盛贡献了一份力量。

这个疑问算是告一段落，但人们又发现不知何时，金鼓泉的岩壁上被人题上了"金果泉"三字。很多人认为"金果"为"金鼓"的谐音误听，一位名叫韩震的文人却为此专门写了《金果泉解》来阐述自己的看法：

当金鼓洞还没有被开辟、金鼓泉还未被发掘之时，有人就怀疑地底有泉源。泉为山之精气所聚，山泉聚于山体之内，奔涌冲撞于岩石，伺机找寻出路，由此发出巨大的声响。等到最后泉水流出，可以证实采石人听到的并非金鼓之声，果然是地下泉水的声音。金鼓之声为因，泉为果，简简单单的"金果泉"三字，其实暗含了一种因果辩证关系。

现实远比小说精彩。真实存在的金鼓洞与金鼓泉，虽然少了虚构的神秘、古怪带来的浅层精神刺激，却因拥有更多的历史人文内涵而更加魅力四射。

阅古泉：陆游的执念与伤痕

　　"爱国"是南宋诗人陆游身上最鲜明的标签，也是他终其一生无法破除的执念。这个执念让陆游青史留名，也给他的生命史刻上了深深的伤痕。

　　到底是怎么回事呢？这要从一个人、一座园林、一股泉水和两篇文章说起。

　　南宋嘉泰二年（1202）五月，闲居山阴（今浙江绍兴）老家已十几年的陆游，接到了宋宁宗再度起用他的诏书，这年陆游已七十八岁。即便贫病交加、风烛残年，他仍在做那个一辈子都在做的梦。梦中，总有一个热血男儿在铁马冰河的宏阔背景下，挥剑舞戈一路向北，英气爽飒与金人搏杀。

　　六月十四日，陆游到达杭州，开始了在朝中编修史书的工作。这是他第八次来杭州，也是最后一次。第二年正月，史书写完，朝廷给陆游升了官——宝谟阁待制。

　　升官本是好消息，但陆游忽然悲哀地意识到，"北伐杀敌、收复失地"也许是一个永远无法实现的梦，一个苍老、文弱、身处底层的书生，离伟大的报国之志实在是太遥远。就在这时，权臣韩侂胄又让他看到了一丝希望。

韩侂胄仗着自己的母亲是高太后的妹妹，宁宗韩皇后是自己的侄孙女，在朝中独霸宰相之位，弄权害死赵汝愚、打压朱熹等理学家，名声不是很好。但在陆游眼里，韩侂胄并非一无是处——他崇岳飞、贬秦桧，有意北伐。有人说韩侂胄主张北伐是作秀，是为了挽回形象、巩固权势，但陆游相信韩侂胄是真心想继承其曾祖父、北宋名臣韩琦统一中国的遗志。这对陆游来说，等于是无边暗夜中的一缕微光。这把年纪，生命之火随时可能熄灭，这生前唯一而渺茫的希望就越显珍贵。

此前，韩侂胄在杭州吴山下建了一座比御花园还要华美的南园，曾写信给陆游拜托他为南园写一篇文章。陆游虽从未到过南园，但凭借所知的资料、强大的想象力和过人的才华，他将南园描写得美妙无比、令读文之人如临其境。韩侂胄很满意，便趁陆游此次来杭州任职时，请他到南园一聚。

南园中一座亭子下，有一个用玛瑙石砌成的半月形泉池，泉名"阅古"。泉水清透无比，清凉甘甜，泉面平滑纯净如新开的镜面，且久旱不干涸，久雨不泛滥，颇为神奇。

如果有客人来参观，韩侂胄就会请他们坐在亭中，用一把常备的水瓢，舀取阅古泉水给客人品尝。陆游此次前来，也免不了要尝一尝阅古泉的水。在座的人中，数陆游年纪最大，他得以独饮一瓢。

韩侂胄请求陆游再为此泉、此亭写一篇文章，以记录此情此景。见陆游欣然应允，韩侂胄越发来了兴致，便给众人讲起了阅古泉的来历。

原来这阅古泉的源头就是吴山青衣洞旁的唐代名泉青衣泉。相传唐开成年间，道士韩道古在吴山筑屋修道，一天在山间看见一个长相俊美、温润如玉的青衣童子，便上前问话，谁知那童子竟不答一言，一转身走进了身后的山洞中。韩道古紧随其后进入山洞中，却不见半个人影，片刻之后洞中风雨声大作。韩道古深感神奇，就将此洞命名为"青衣洞"。后来杭州地方官钱华和道士邢令闻、诸葛鉴一起寻访青衣洞，曾在洞壁题字。

修建南园阅古堂时，隐没于荒草丛中近四百年的青衣泉被发掘重现。韩侂胄令人开凿水道，将青衣泉水沿山引流而下，经十二道波折之后到达南园中，与古人"曲水流觞"之意境相合。韩琦曾建有阅古堂，韩侂胄在南园中也建了阅古堂，于是就将这眼泉水命名为阅古泉，表示不忘先祖之意。而这一点，正是打动陆游之处。

《阅古泉记》很快写成，和《南园记》一样文采流荡，成为陆游书写杭州的最后名篇。七年之后，陆游以八十五岁高龄辞世。

这位一生放不下家国情怀的诗人，在身后被人扣上了"晚节不保"的大帽子，依据就是他为韩侂胄写了"两记"。那些诋毁、抹黑他的人甚至断章取义、模糊时间，抬出朱熹和杨万里两位大名人来证明：瞧，他们都说了，陆游就是"晚节不保"！

对此，或许陆游早有预料，他在《南园记》的结尾郑重声明，韩公之所以在众多才华过人的名士之中选择了"老且愚"的自己，而自己也没有拒绝，是因为"放翁"无意功名，且深知韩公之志——在北伐这一点上，陆游和韩侂胄有着共同的目标。这等于明明白白告诉人们：大家不要误会我攀附权贵啊！

细读《南园记》和《阅古泉记》原文，便能更进一步发现陆游隐于文字间的苦心。他在这两篇文章中一再勉励韩侂胄继续韩琦遗志，为韩侂胄北伐增加信心、加油打气，且有规劝韩侂胄功成之后隐退田园、交出重权之意。

"北伐"的执念如此深重，为此付出的代价不可谓不多、不大，陆游后悔吗？他临终前的绝笔诗是最好的回答："死去元知万事空，但悲不见九州同。王师北定中原日，家祭无忘告乃翁。"统一中原、收复失地的梦，至死不忘，九死未悔。要说内心有过纠结，却不是悔，而是愧。

在《阅古泉记》中，陆游写道："游起于告老之后，视道士为有愧，其视泉尤有愧也。"他为何会愧对道士和阅古泉？也许，他是惭愧自己既没有能力实现理想，又无法做到像方外道士和山间清泉那样纯然超脱于红尘。

其实，世界如此纷繁，人性如此丰富，哪有绝对的是非黑白？只要我们每个人护持好自己的一眼心泉，时时返照心影，日日反省己身，就不会脱离世间大道，也就可以从容面对不同的声音，不至迷失方向。

世事更迭，历史风云变幻。随着韩侂胄北伐失败、被割下头颅献给金人议和，也随着南宋灭亡，南园在世间消失，但阅古泉的"真身"青衣泉却仍是杭州最美的风景。

元代，"青衣洞天"是吴山名景。晚明陈昌锡集诗书画于一体的大型旅游指南图书《湖山胜概》，用以图为主、图文并茂的形式展现了吴山十景，其中就有"青衣石泉"。清代文人姚礼在《郭西小志》中记载有一位十五岁少年脱衣泅入青衣洞，捡到一块南宋皇后鸦青色玉佩的故事，说明那时青衣洞和青衣泉还在，只可惜在后来的战乱中，青衣洞和青衣泉不见了踪迹。

看不见的，不等于不存在。青衣泉并没有消失，它只是暂时隐藏。2016年，杭州市有关人士根据地方志的记载，经反复考证勘察，终于在吴山腹地东麓重新发现了青衣泉。泉水从高高的石壁上飞流而下，还像一千多年前与世人初见时那般清澈灵秀、活力满满。泉旁石壁上漫漶的字迹，是青衣泉身份的最好证明。

时光一刻不停，陆游的伤痕已成过往，关于荣耀与屈辱的争议还未完全止息，但他的执念却和青衣泉的水一样，永远地留在了世间。"一切终有公论，清白自在人心"，这是青衣泉"汩汩"的语言。

仆夫泉与后仆夫泉：
琴禅诗书一相逢

"蜀僧抱绿绮，西下峨眉峰。为我一挥手，如听万壑松。客心洗流水，余响入霜钟。不觉碧山暮，秋云暗几重。"诗仙李白《听蜀僧濬弹琴》一诗，主角是僧人与音乐家身份叠加的一位琴僧。

琴僧在唐代还不算太多，到了宋代以后逐渐增多。本书前文中提到的、发掘出掬月泉的周庆云，在其编纂的《琴史续》中，首次将关注点聚焦在"左手古琴右手禅"的僧道琴人身上，并列出了宋代以来四十四位琴僧代表，其中有一个叫芳洲。

芳洲是何人？我国当代古琴大师、国家非物质文化遗产古琴艺术传承人龚一，曾讲起他的一个收藏故事。

20世纪六七十年代，轰轰烈烈的"破四旧"运动中，古琴也被视为"封建主义残余"，不幸进入被破之列，因此抛售古琴的人很多。偶然间，龚一先生看到一把积满尘埃、外表破旧的古琴，琴身上刻着"蕤宾铁"三个篆体字。龚一觉得此琴非同寻常，便以不菲的价格买下了这把琴。后来，通过查找古籍，龚一破解了"蕤宾铁"的身世之谜。

原来，这把"蕤宾铁"为宋代名琴，到了元代由芳洲收藏。芳洲是杭州玛瑙寺的住持，自从成为"蕤宾铁"的主人，接待客人便成了一项重要的生活内容。凡来杭州游玩的人，听说玛瑙寺有一把"明星琴"，还有一位多才多艺、善弹古琴的高僧，必定会前来"打卡"，聆听一曲琴禅交融的天籁之音，玛瑙寺因而远近闻名。除"蕤宾铁"之外，芳洲还藏有一把古琴"石上枯桐"，只可惜后来不知所终。

其实，历史记住芳洲，不仅因为这两把琴，还因为一眼泉。

在我国的寺庙风景中，花草树木是不可或缺的审美元素。但在寺中种植花木却是有讲究的，既要美观，又要能表现宗教的庄严，所以我们常常会在寺庙中看到一些品性高洁的植物"君子"的身影，比如梅、竹、莲、桂等。

芳洲做了玛瑙寺住持后，也决定在寺里多种一些竹子。他请来的那位朴实憨厚的仆夫，掘开一片土地正准备栽植竹苗时，突然从泥土里哗啦啦喷涌出一股清亮亮的泉水来。寺僧们知道后都兴奋地跑去告诉芳洲，大家纷纷说："这泉来得太及时了！"原来，玛瑙寺附近没有水源，用水都要去葛井挑，很不方便，大家早就盼着这一天了。

寺僧们请求芳洲给这眼泉水取个名字，芳洲看了看眼前挥舞着锄头、满头大汗的仆夫，说："就叫仆夫泉吧！"弟子们都不明白，芳洲笑着解释："一来因为这眼泉是这位勤劳的仆夫发掘出来的，二来是为了纪念智圆大师。"

"智圆大师是谁？"新来的小和尚眨巴着大眼睛好奇

地问。

芳洲于是讲起了玛瑙寺的历史和智圆大师的故事。

其实，最初玛瑙寺并不在葛岭，而在孤山玛瑙坡。五代十国时期，吴越国王钱弘佐于后晋开运三年（946）在玛瑙坡创建了玛瑙宝胜院，北宋治平二年（1065）改称玛瑙寺。"东南佛国"杭州又多了一处安放信仰的圣地。

这一年，玛瑙寺迎来了一位新住持，此人是杭州人，俗姓陈，自号中庸子，法号智圆。智圆可谓慧根深藏，八岁即受戒于龙兴寺，二十一岁时师从源清法师，开始研习天台宗的"一心三观""三观圆融"等深奥佛理。

智圆来到玛瑙寺时，北宋著名隐士林逋正在孤山隐居。智圆和林逋有许多共同之处，比如两人都毕生不入侯门、不涉都市，且都钟情诗书，因此两人既是近邻，也是知交。林逋常来玛瑙寺中与智圆谈诗说文、品茶论道。

虽身为僧人，但与参禅相比，智圆更痴爱写诗。他在《诗魔》一诗中写道："禅心喧挠被诗魔，月冷风清奈尔何？一夜欲降降不得，纷纷徒属更来多。"这首诗中，智圆将诗比喻为无法降服之魔，连禅心也不得不退后，可见爱诗之深。

在另一首给僧人朋友的赠答诗《谢仁上人惠茶》中，智圆写道："寄我山茶号雨前，斋余闲试仆夫泉。睡魔遣得虽相感，翻引诗魔来眼前。"仁上人给智圆寄了雨前茶，用过斋饭之后，智圆便取了仆夫泉的水来试烹新茶。也许是仁上人的情谊让智圆感动，也许是茶的美味让智圆兴奋，总之饮茶之后的智圆毫无睡意，写诗的灵感却接连不断地涌现在脑海。

也许有人会奇怪：仆夫泉不是在元代才由芳洲命名的吗？为什么北宋的智圆在诗里会写到仆夫泉？这正是世事奇妙之处。和芳洲一样，智圆也曾请仆夫在玛瑙寺内种植种子，同样挖出了一眼泉水。智圆以佛家的慈悲之心认为，人与人平等，无高低贵贱之分，既然泉是仆夫挖掘出来的，自然该叫"仆夫泉"。

还有一个问题令人不解：玛瑙寺不是在玛瑙坡吗？怎么就到了葛岭？这是由于南宋绍兴二十二年（1152），宋高宗在孤山修建四圣延祥观，需要占用大片土地，下令将孤山的寺庙、坟墓统统迁走，只留下了林逋墓。玛瑙寺由此就从玛瑙坡迁到了葛岭，这也就是芳洲发现仆夫泉的地方。

只是两个都叫仆夫泉，容易让人傻傻分不清楚，所以人们就将芳洲发现的叫"后仆夫泉"，以与智圆诗中所写的"仆夫泉"区别开。

玛瑙寺于元末毁于战乱，明永乐年间得以重建。最懂西湖的明人张岱来到玛瑙寺，参观过"后仆夫泉"，又听了长鸣钟，诗兴大发，写下一首长诗《玛瑙寺长鸣钟》："女娲炼石如炼铜，铸出梵王千斛钟。仆夫泉清洗刷早，半是顽铜半玛瑙……"

与张岱由泉钟引起的悠远思绪不同，清代诗人许承祖在《西湖渔唱》中，用简洁明快的诗句将仆夫泉与后仆夫泉并提："古寺幽泉号仆夫，佳名先后信同符。七弦试奏蕤宾铁，流水琤淙似旧无。"

幽幽古寺中，清泉淙淙似古琴奏鸣，而这一美妙意境被诗书永久留存——琴禅诗书一相逢，便胜却人间无数。如今，玛瑙古寺仍在，不过却被赋予了新的意义——

因台湾爱国史学家连横曾居住于玛瑙寺整理史料，寺中建起了连横纪念馆，海峡两岸血脉相连，祖国统一乃众望所归、大势所趋。

仆夫泉已成过往，但后仆夫泉的清波仍荡漾在仆夫亭下。泉与人一样，生命不会真的消失，只是在延续和继承中完成转化。而我们的国家，我们古老的中华民族，我们祖先创造的优秀灿烂的传统文化，又何尝不是如此呢？

筲箕泉：黄公望的逆袭之路

听着监牢的大门在身后重重关上，黄公望一时有些恍惚：眼前还是那个世界，却似乎有什么不一样了。其实，不一样的是他自己，过去的黄公望已经随着旧日年华埋葬，渡尽劫波，此后便是重生。

一个人到了知天命之年，从监狱里走出来，回顾所来径，才发现蹉跎半生一事无成。接下来的人生，还有希望吗？黄公望用亲身经历告诉你：有些人的青春，可以从五十岁开始。

曾经是别人眼中令人羡慕的"神童"，只是国家制度硬生生限制了他的前途。那是在人分四等的元代，和所有江南人一样，黄公望属于等级最低的"南人"，想要做官，只能从最底层干起。二十三岁开始，黄公望在浙西徐琰手下担任文书小职员，好容易熬到四十多岁，跟着新上司来到京城大都，眼看升职加薪在望，老天却猝不及防扔给他一颗炸弹：上司张闾被捕入狱，黄公望也受牵连身陷囹圄。

铁窗生涯虽苦，却也让黄公望彻底想明白了一些事，生命如此宝贵如此短暂，难道幸福的意义就在于入朝为官、光宗耀祖？人，不该只有一种活法。此前，他就对那些云游四海、萍踪不定却又闲云野鹤、自由洒脱的修道生活心存向往，现在，是时候放下一切，做自己最想做的事了。

彼时，全真教大热，黄公望拜在金月岩门下，成了全真教的一员，从此有了"黄大痴"之号。也是从那时开始，与友人优游山水成了黄公望最重要的生活内容。

他的朋友圈里，不但有全真道友，而且有隐士、诗人，还有画家。黄公望重拾自己热爱的绘画，在与倪瓒、王蒙、吴镇等画家切磋绘画技艺之外，他还得到了一位高人指点，这个人就是赵孟頫。

元延祐五年（1318），六十五岁的赵孟頫在吴兴松雪斋中，收下了黄公望——这个仅仅比自己小十五岁的大龄弟子。虽然之前曾有绘画基础，但面对已成名成家的赵孟頫，黄公望极为谦卑，称自己是"松雪斋中小学生"。一代大咖赵孟頫却没有小看黄公望，他眼光独到地发现，黄公望不但颇有绘画天分，而且对于水墨丹青极为痴迷与专注，这正是一个艺术家必备的成就大事业、大学问的特质。

黄公望的确是"大痴"。他从不去想自己是否真能成为一代名家，他只是非常享受眼前山水印在心中、心中山水落在纸上的愉悦。他拖着并不年轻的身躯，背着画具四处游走，看山看水看湖看海，美丽的风景会在不知不觉中使一个人的心灵得到净化，审美、鉴赏力也随之提升。

在行走的过程中，黄公望将自己从画家朋友以及赵孟頫等画坛前辈处得到的绘画理论，渐渐与审美趣味、

筲箕泉碑亭

人生格局、精神气度相融合，这成为他日后厚积薄发的
强大底气。

　　行走的过程，也是选择的过程。虽说他已经找到了
绘画艺术来安放身心，但在现实中，总得有那么一处地方，
能够让自己暂时停下疲惫的双脚，对一个阶段的人生做
一下回望和整理。

　　黄公望最终选择了杭州作为常驻地。因为杭州的山
水风物契合自己的精神趣味和艺术理想，杭州的人文底
蕴也能为自己的绘画造诣注入源源不断的灵感与营养。
他在西湖之南的赤山停了下来，在慧因寺旁、筲箕泉畔筑庐隐居，此后，这个远离尘嚣、颇似世外桃源的所在，就成了他的人生根据地。黄公望时不时仍会出门漫游，但筲箕泉边的草庐就像家一样，让他心里踏实。

流淌在如此清幽之地，有着山中高士之风的筲箕泉，却有一个很接地气的名字——筲箕，原都是寻常烟火人家日常所用竹器，筲为桶状，作用与斗相似，用来盛装粮食，而箕就是簸箕，用来淘菜、簸米。泉水为何与筲箕有了联系？有人说是因为泉边的石头形似筲箕，就将泉水命名为"筲箕"。

无论如何，人至暮年、活得通透的黄公望，绝不会因为这个俗气的名字就与泉水疏离。他只知道，泉流在屋前，日日抬头便见一汪明净，心也变得干净、安静。寂静的夜里，听着泉声呜咽，感受着自己的心跳和呼吸，他便不觉孤独。在这隐僻的深山里，筲箕泉依照本心冲破地表、滋润周边草木，并不因名字的雅俗、世人的毁誉为意，这是泉的信念。那么人呢？

隐居在筲箕泉边的黄公望，过的是极简生活。七八十岁的他披散着一头蓬乱的白色长发，穿着最普通的粗布衣，常常冒着被老虎吃掉的危险，到山野间去采野菜填饱肚皮。他活着，余生不再追求功名富贵；他画画，只为享受画画的过程。人原是要向水学习的，淡泊才是人生至味。正是这种不刻意为之的心态，让黄公望的画别具一格，成就了他一生最重要的代表作、"画中兰亭"——《富春山居图》。

不远处的浴鹄湾有座名叫黄篾楼的水轩，那是黄公望好友张雨的别业。张雨也是道教中人，喜爱书法、诗文。一日，张雨来探黄公望，在墙上题《筲箕吟书黄山人石壁》一诗："石为箕，不可以簸。扬箕盛水瓢饮足，滥觞一漱一咽洗……"笔法恣肆，有一种仙气飘飘的飞扬感。

张雨为筲箕泉写诗，黄公望自己为筲箕泉作画，只是张雨的诗流传了下来，黄公望的《筲箕泉图》却失传了。建筑比人长久，山水又比建筑长久。随着黄公望去世、元明易代，筲箕泉边黄公望隐居的草庐已难寻踪迹，但筲箕泉却焕发出更强的生命力——它不但一如往昔涌流不止，还以"箕泉泻珠"之名成为晚明"慧因十景"之一。许多诗人在慧因寺的雅集之中，为慧因十景赋诗，其中就包括为"箕泉泻珠"所写之诗。

虽成为许多诗中的主角，但筲箕泉却在后来的岁月中湮没，人们只知道，其大概位置在如今花家山宾馆一带。在黄公望的另一处隐居地——杭州富阳的庙山坞，据说也有一处筲箕泉，但确切的踪迹也是无法探寻。

"一个黄大痴，两处筲箕泉"，真相或许并不重要，重要的是，我们知道黄公望将人生的最后阶段托付给了杭州这片土地，《富春山居图》的抽象精神与具象形体，是来源于杭州的山山水水。

正是筲箕泉边的隐居，让黄公望走上了逆袭之路，历史从而交给了我们一把破解黄公精神密码的钥匙。由此，我们得以进入古代伟大人物的宏阔精神世界，得以领略中华优秀传统文化的种种妙处。

参寥泉：现实与梦境的九年之约

每个人都会做梦，但文人的梦别具一格——梦或积为写作素材，或闪现思想火花，或涌流灵感源泉……堪称古今全民文化偶像的苏轼，曾记录下自己形形色色的梦。但令苏轼自己也没有想到的是，有一个梦，竟然在九年之后真真切切地变成了现实。

宋元丰二年（1080）[1]，苏轼因"乌台诗案"被贬黄州，这是噩梦，却也是新生的起点。只是蜕变尚需时日，苏轼的当务之急，是平复创伤、治愈心灵。他需要情感上的支撑，而友情一向是给予他温暖和力量的源泉之一。虽说有很多人因为惧怕引祸上身而断绝了与苏轼的来往，但也有不少朋友不远千里专程来黄州探望，参寥子就是其中一个。

劫后重逢，两人都感慨万端，两年前初次相识的情形，仿佛就在昨天。

那时苏轼在徐州任职，秦观专程前去拜望，后来参寥子在秦观的引见下，第一次见到了传说中的苏公，并在徐州逗留一月之久。

[1] 苏轼于元丰二年十二月底被贬黄州，公元纪年应为 1080 年。

参寥子说起苏轼遭遇"乌台诗案"时，他和秦观正月夜上龙井访辩才，说到他们当时的牵挂与担心，苏轼深深感动：有友如此，夫复何求？来自友人的温情如阳光，消融了苏轼心中一部分阴暗与寒冷，他决定鼓起勇气，乐观直面一切。

这一次，参寥子又在黄州逗留了一个月，他天天陪着苏轼，或饮酒烹茶，或谈诗论文，或游山玩水，眼见着好友脸上的笑容渐渐多了起来，参寥子才放心地离开。此后，不能亲自前来，他便常常写信，还派人来黄州看望苏轼，距离再远，也隔不断挚友彼此之间的思念。

世事无常，悲喜无定。随着宋神宗驾崩、宋哲宗继位，朝堂之上风云再起，已在黄州得到精神蜕变的苏轼，成了"苏东坡"，重得起用被升职为翰林学士，但不久他因厌倦仕途纷争自请外放，于元祐四年（1089）知杭州。到了第二年，参寥子也从他的家乡於潜（今杭州市临安区於潜镇）来到杭州，任智果寺住持。

智果寺位于孤山南麓，后晋开运元年（944）由吴越国君主所建，整座庙宇坐北朝南、依山而立。与杭州其他寺庙比起来，智果寺算不上大，也不是特别有名，但是整个寺院非常清幽雅静，显得别有风采。

两位老友同在杭州，自然常常相聚，只可惜这样的日子还是太短——元祐六年（1091）寒食节过后，苏东坡像往常一样，带着一帮朋友来到智果寺，一来是祝贺参寥子新居落成，二来也是辞行，因为他即将离任杭州。

参寥子用木柴生起火来，又从寺内打来一桶泉水，为苏东坡等人煮茶。他们边喝茶边聊。参寥子告诉苏东坡，这生火的木头是槐木，煮茶所用的水是寺内新凿的泉水。

用槐木生火的讲究，苏东坡是知道的。《周礼》中有"四时变国火，以救时疾"之说。汉代郑玄注解说："春取榆柳之火，夏取枣杏之火……冬取槐檀之火。"另外唐代王勃的《守岁序》一文中有"槐火灭而寒气消，芦灰用而春风起"之句。

也就是说，古时人们往往随季节变换而燃烧不同的木柴以防时疫，冬天取的便是槐火。那参寥子为何要在这时取槐火呢？这是因为寒食、清明刚过，寒气还未消退，所以古人认为这时仍属于冬天，真正的春天尚未到来。

苏东坡的疑问是：寺内本就有泉，为什么还要新凿？参寥子笑答："民间不是有清明掏新井的习俗吗？所以我就新凿了一口泉。"苏东坡闻言，突然有些恍惚，此情此景，似乎在哪里见过，他开始快速在脑海里搜索记忆。

对，想起来了，九年前在黄州时，他曾经做过一个梦。梦中，他和参寥子也像今天这样坐在一起吟诗，参寥子吟出一句"寒食清明都过了，石泉槐火一时新"。这梦中的诗句，就像是为今日现实中的场景量身定做一般。就像庄周梦蝶，苏东坡一时之间有些迷惑：眼前是真实还是幻梦？还是说九年前的梦根本不是梦，而早已是实实在在的现实？转念一想，何必深究，人生在世不就是大梦一场吗？

也许，人世间所有遇合，上苍在冥冥之中早已注定。现实似乎一直等在那里，就为了赴九年前一个梦的约会。

为了纪念这段神奇的、梦境与现实交织的往事，也为了纪念与参寥子的友情，苏东坡将参寥子新凿的泉水命名为"参寥泉"，并写了一篇《参寥泉铭》。之后，苏东坡与参寥子各自在命运中沉浮，一别经年，总以为还有机会见面。

绍圣四年（1097），年过花甲的苏东坡被贬海南儋州，参寥子写信要前去探望，被苏东坡劝阻。其实，参寥子的日子也不好过，因为受苏东坡牵连，他被治罪还俗，在贬居之地兖州（今属山东）一直待到建中靖国元年（1101）才得以赦免。也就是在这一年，参寥子得到消息，苏东坡也被赦免北归，他正期盼着相见的那一天，却得到了苏东坡在常州病逝的消息。五年之后，参寥圆寂。

他们不知道的是，当南宋定都临安（今杭州）之后，因为修建四圣延祥观，智果寺就由孤山迁到了西湖北山

苏东坡与诗僧参寥子

的葛岭，参寥泉自然也湮没了。不过世间之事总有奇妙机缘，明人张岱在《西湖梦寻》中记录了这样一个故事，使参寥泉得以"复活"。

相传明崇祯五年（1632），有个名叫鲍同德的秀才寄居在智果寺，两次梦见苏东坡请求他重修智果寺，鲍同德为难道："我只是一个穷秀才，没有这个能力啊！"苏东坡说："只要你去做，自会有人帮你。"

后来，鲍同德见墙壁上的偈语中，竟然有自己的字"有邻"，便觉此事神奇，决心重修智果寺。鲍同德写了一篇《西泠记梦》，逢人就拿出来讲述自己奇怪的梦，希望得到捐助。

鲍同德在京城遇到自己的扬州老乡魏永言，魏永言的同行者中，有一个名叫宋兆禴的人，是新中的进士，正在等待任职。宋兆禴听说这件事后，大为震动。说来也巧，就在遇到鲍同德的第二天，宋兆禴就接到了诏令，到杭州做县令。后来，如鲍同德所愿，宋兆禴重修了智果寺，有一股清泉从新修的寺后涌出，人们就把这泉称作"参寥泉"。

在苏东坡的梦境成为现实之后，鲍同德的梦也成为现实。历史上的故事虽有离奇、巧合，但在做梦这件事上，古今同一。梦有时是现实中无法达到的愿望，我们每一个人都不应放弃梦想，并且应该相信梦想成真的力量。你怎么知道今天的梦，不会是明天的现实呢？

水乐洞泉："梁祝"故事的
背景音乐

三十年后，少年看过的风景，在脑海中像一张张画卷清晰浮现。过往经由记忆抵达眼前，笔落在纸上，那些漫游时光遂成为永久的快乐珍藏。

已近知天命之年的沈复，在接连遭受生活暴击、痛失爱妻陈芸之后，写下了有"晚清小红楼"之称的《浮生六记》。这本书的最后一卷《浪游记快》相当于旅行日记，沈复最先记录下的，是在杭州的游历。"上有天堂，下有苏杭"，出生在苏州的沈复，对杭州的印象最为深刻、独特。

清乾隆四十二年（1777），十五岁的沈复随父亲到山阴（今浙江绍兴）读书，教书的先生是杭州的著名学者赵省斋。第二年，因赵省斋先生要返回故里杭州，沈复也就追随而来，得偿所愿畅游杭州。

闲暇时，沈复便尽情徜徉在杭州的湖光山色之间，让这人间天堂以轻灵优雅的高超颜值和厚重广博的人文内涵为自己的精神打底。

这一年清明，赵省斋先生去东岳扫墓，顺便带着沈复踏青，途中经过著名的"烟霞三洞"。其中烟霞洞最为古老，洞内有许多五代、两宋时期的石刻造像；石屋洞洞内宽敞如屋，洞中有洞，洞洞相连，洞内有五百罗汉刻像。沈复最喜欢的是水乐洞。水乐洞嵌在峭壁之上，峭壁覆满藤萝，洞口有两座小亭。和赵省斋先生坐在亭中休息时，沈复听到洞内传出叮叮咚咚的乐声，问洞内可有人在抚弄丝竹，赵省斋先生笑道："此为泉声。"

水乐洞

沈复不相信：泉水真能奏出这么美妙的音乐？他跑进洞内，只见一泓清泉在洞内涌流，泉水漫激岩石，就像手指触到琴弦，水声在空旷深幽的洞内回响，就像来自仙界的音乐。这就是水乐洞泉。

沈复想起苏东坡写过一篇《水乐洞小记》，其中有"泉流岩中，皆自然宫商"之句，觉得形容极妙，正是自己想说的话，不过最后一句"乃知庄生所谓天籁，盖无在不有也"，又有些不太懂。

其实，人们所说的天籁，是指非常美妙、非凡间所有的声音，但庄子所说的天籁并不是这个意思。《庄子·齐物论》中记载了这样一段史上有名的对话：

子游看到老师子綦倚案而坐，仰天而叹，似乎灵魂已经脱离了躯体，便不解地问老师何以达到了这种状态。子綦说："昨天我坐功时忘了外物存在，今天我坐功时连自身存在都忘了。人吹箫管发出声响叫人籁，风吹过大地的窍孔发出声音叫地籁，而天籁是自然万物自然而然的声响。"老子曾说"大音希声"，最宏大的声音是无声，庄子在此基础上提出的天籁指万物的大和谐，是乐音的最高境界。

沈复还读过苏东坡写水乐洞的一首诗，他最爱也最有共鸣的是"但向空山石壁下，爱此有声无用之清流"这句。苏东坡所说"有声无用之清流"，指的就是水乐洞泉。世间多少事，有用但无趣，无用但有趣。沈复从小就能从极细微的事物中发现趣味，比如寻常人并不注意的蚊子和小虫，他能痴痴地看好久好久，沈复似乎很早便明白了"以无用之事遣有涯之生"的道理。

同样喜爱水乐洞泉的，还有明代的高濂。高濂在其著作《四时幽赏录》中，将"水乐洞雨后听泉"列为"秋时幽赏十二条"之一。秋天多雨，雨后泉涨，水乐洞泉的清冷泉音比以往更为响亮、悦耳，比真正的音乐还要美。

与高濂的闲情逸致不同，经历了明清易代的张岱，在《西湖梦寻》中对于水乐洞泉的记述，则显出几分世事沧桑之感。水乐洞旁原有吴越国的皇家寺院西关净心院，宋代开始有了"水乐洞"之名，南宋初年成为名将杨存中私人园林的一部分后，水乐洞逐渐荒废，水乐洞泉所奏的音乐也不再响起。

后来，"干啥啥不行，玩乐第一名"的"蟋蟀宰相"贾似道来到此处查看，说："空谷才能有回音，现在泉水被阻塞在洞内无法畅流，怎么能奏出音乐呢？"于是命人清理了洞中淤积的沙石泥土，绝响已二百年的水乐洞泉便又叮叮咚咚奏响了美妙的乐章。

据说水乐洞中原有梁山伯与祝英台的雕像。这洞这泉，也曾见证过"梁祝"的美丽爱情。

传说当年祝英台女扮男装，与梁山伯同在杭州凤凰山的万松书院读书，两人情同手足。书院里有三个"富二代"加"浪荡子"，不好好读书还仗势欺人，被祝英台当众怒怼，怀恨在心的三人总想借机报复。

这天，梁山伯外出，三人用激将法骗祝英台乘船游西湖，在经过几个回合的对联比拼之后，祝英台意识到情况不妙，便借口请三人上岸喝酒，趁其不备跑掉了。

梁山伯回来后，到处找不到祝英台，他心想：英台平时最喜欢去的地方是水乐洞，心情不好时听一听水乐洞泉的美妙乐声，很快就会忘记烦恼。等他找到水乐洞

时，发现祝英台果然一个人静静坐在那里，听着泉声叮
咚打瞌睡。洞内寒气逼人，梁山伯脱下衣衫轻轻披在祝
英台身上，祝英台睁开眼睛看到梁山伯，不由落下泪来。
两颗年轻的心，越靠越近。

　　沈复正是情窦初开的年纪，这个故事他听得津津有
味，尽管只是个传说，但沈复愿意相信这一切真的发生过。
正是这些故事传说，为湖山增色，让生命多彩。

　　杭州真是个好地方，处处有历史，步步有文化，不
但写满唐诗宋词，还盛产故事，包括美丽动人的爱情故
事。西泠桥边的苏小小与阮郁，断桥上的许仙与白娘子，
长桥荷花深处的陶师儿与王宣教……没想到，水乐洞竟
也是梁祝爱情的发生地，水乐洞泉就是梁祝故事的背景
音乐。

　　隔着三十年的光阴，中年沈复回望自己的少年时代，
除了感慨、叹惋，嘴角或许也会浮上一丝笑意。纵然浮
生若梦，但生命中的美好他已用笔墨保存，不负上苍厚爱，
不负此生活过，足矣。

贮月泉：听文澜前世梵音，
　　　　寻杭州文心之根

2017 年，一则新闻让一副对联、一座亭子成了"网红"。

有人发现，"部编版"语文教材七年级下册中的西湖名联出了错。这副对联由甘肃籍学者、一代楹联大家黄文中为西湖天下景亭所撰写，原文为"水水山山处处明明秀秀；晴晴雨雨时时好好奇奇"，教材中写为"山山水水处处明明秀秀；晴晴雨雨时时好好奇奇"，虽然意思相同，但却不合平仄，因此是一种错误。

这则新闻发出后，很多人才意外得知黄文中居然是青年演员黄轩的曾祖父，还有很多人对悬挂这副对联的西湖天下景亭产生了好奇，纷纷前往孤山探寻，却不想一脚就踏进了二百多年前的皇家园林。

西湖是杭州的灵魂，孤山又是西湖的灵魂。有别于北方大山的峻硬巍峨，孤山线条温柔优雅、身形玲珑娇小，但却是西湖风物与人文的精华所在，登上山顶可览西湖全胜，早在唐宋时期就有"人间蓬莱"之誉，名闻天下。

把都城建在杭州的南宋皇帝当然不会浪费这么个好

西湖天下景亭与贮月泉

地方。于是乎，宋理宗就在孤山南麓将四圣延祥观的一部分改建成了一座皇家行宫——西太乙宫，几乎将半个孤山都纳入了宫内，可以想见彼时行宫的浩大华丽。

当元人的马蹄踏破西湖的宁静，四圣延祥观成为万寿寺，西太乙宫也成为寺庙，明代两者一并化为废墟消失。直到清康熙皇帝南巡，孤山才再次成为皇家园林的一部分。

康熙以往南巡到达杭州时，都住在位于涌金门内的杭州府行宫。康熙四十四年（1705），浙江地方官开始在如今浙江省博物馆孤山馆区的位置修建行宫，两年之后康熙又南巡到杭州，就住在孤山行宫之内。据史料记载，行宫内由南向北依次有澄观斋、西湖山房、揽胜斋、第一楼、涵清居等建筑，每处的匾额和对联均由康熙亲题。

天子驾临，湖山生色。西湖边康熙必经的陆路上铺着与京城皇宫一样精致的红地毯，康熙所乘坐的龙舟连缆绳都用五色丝锦制成，西湖四周围着锦幔，灿若云霞；各家寺院门前搭着彩棚，寺中僧众都穿着绣花缎袍终日跪候；像雷峰塔这样的佛塔，塔身都装饰着明晃晃的镜子，晃得人睁不开眼睛。吃瓜群众想看热闹？没门！路上禁止一切闲杂人等通行，白天寂静得像夜晚，可到了夜晚，西湖孤山却一片灯火辉煌，如同白昼。

这样的盛况，几十年后在同样的地方重演。

乾隆十六年（1751）正月十三，春节刚过，乾隆便启程赶往日思夜想的江南。这是他第一次南巡。乾隆于三月初一到达杭州，先是住在太平坊行宫，三月初三移驾于前一年建成的孤山圣因寺行宫。此后五次南巡，乾隆都住在这座行宫，因为在这里，乾隆感觉离他亲爱的爷爷、他的人生偶像康熙非常近。

乾隆为何会有如此感觉？因为行宫的东邻圣因寺，就是以前康熙南巡时在孤山住过的行宫。康熙驾崩，继位的雍正皇帝并不热衷巡游，孤山行宫闲置已久，雍正五年（1727）浙江巡抚李卫奏请雍正，将行宫改建为佛寺。因康熙庙号"圣祖"，所以将寺命名为"圣因寺"，雍正亲题寺名，并题写了"泽永湖山"牌匾，从此孤山圣因寺盛极一时，梵音袅袅飘荡在西子湖畔。

圣因寺行宫与圣因寺只隔一条夹道，位于孤山正中，面对着西湖圣水，群山拱卫，规制天成，穿过乾隆御题的"明湖福地"正殿和"月波云岫"垂花门殿，由南边的行宫可达依孤山山势而建的后苑。

后苑是乾隆最喜爱之处，他在这里题写了"西湖行宫八景"：四照亭、竹凉处、绿云径、瞰碧楼、贮月泉、鹫香庭、领要阁和玉兰馆。

四照亭位于孤山最高处，竹凉处在四照亭下，万竿翠竹洒下一片清凉；由竹凉处向西有一曲折小径，有绿树点缀径旁，仿若一片绿云笼罩，因名绿云径；瞰碧楼顾名思义，就是登上此楼可俯瞰西湖一碧万顷之柔波；瞰碧楼下有一眼清泉，每当月上中天，月影停贮泉心，别有一番风致，故名"贮月泉"，乾隆曾为贮月泉写诗道："乳窦贮天池，嫦娥小浴之。一泓清且浅，满魄静相宜……"

乾隆爱极了这行宫八景，六次南巡有五次都为行宫八景题诗，这还不算，回京后的乾隆还在北京西郊玉泉山静明园中仿建了杭州西湖圣因寺行宫之景，并命董邦达绘图，他自己御笔题诗，用诗画将湖山之美永久留存。

有人说，皇帝巡游劳民伤财，只为游山玩水，其实并非如此，因为关系中华文化命脉的一件大事，就与乾隆皇帝的南巡有关。

乾隆三十七年（1772），乾隆皇帝有了编写世上最大、最全的一套丛书的想法，十年之后，第一部《四库全书》

编辑完成，乾隆一连下了两道谕旨，明确指定杭州圣因寺为藏书之所，又过了两年，位于圣因寺内的文澜阁建成，成为保存《四库全书》的"七阁"之一。

正因为屡次南巡的经历，乾隆皇帝深感杭州人文渊薮，人们普遍具有崇文重道的优良传统，后来的事实证明，这一选择，是杭州之幸，也是中国文化之幸。

清咸丰十一年（1861），太平军与清廷的战火蔓延到了杭州，圣因寺行宫和文澜阁一起被毁，但贮月泉却留了下来。直到现在，来到孤山的人，会看到圣因寺行宫遗址上贮月泉的一泓清浅仍在。贮月泉边，就是著名的西湖天下景亭。与贮月泉一墙之隔，重建后的文澜阁巍然伫立，这是保存《四库全书》的"江南三阁"中仅存的一阁。

当年文澜阁被毁，所藏《四库全书》也在战乱中散佚。杭州著名藏书家、慈善家丁丙主持重建文澜阁、重修文澜阁散佚的《四库全书》。后来丁丙去世，在杭州人民和无数仁人志士的努力下，最终修复后的《四库全书》文澜阁本，比原来的版本更为完整、更有价值。这是中国乃至世界藏书史上的旷世传奇，也是世界文化史上的奇迹。迄今为止，《四库全书》仍是世界上最大的一套丛书，这是杭州与中国共同的荣耀与骄傲。

岁月沧桑，当年的圣因寺行宫已经变身为中山公园、文澜阁和浙江图书馆孤山馆舍。走在中山公园内，在西湖天下景亭下，看着那一泓乾隆皇帝曾看过的贮月泉，似乎能够听到圣因寺的声声梵音。顺着这声音，我们可以触摸到华夏文明古老的文脉，探寻到天堂杭州湖山绝美、文心锦绣的根源。

参考文献

1. 〔南朝梁〕慧皎、〔唐〕道宣等：《四朝高僧传》，中国书店出版社，2018年。

2. 〔明〕田汝成：《西湖游览志》，浙江人民出版社，1980年。

3. 〔明〕田汝成著、陈志明编校：《西湖游览志余》，东方出版社，2012年。

4. 〔明〕张岱撰、李小龙评注：《西湖梦寻》，中华书局，2011年。

5. 〔明〕高濂：《四时幽赏录》，浙江古籍出版社，2018年。

6. 〔清〕许承祖：《西湖渔唱》，上海古籍出版社，1985年。

7. 〔清〕沈复著、欧阳居士译：《浮生六记》，中国画报出版社，2011年。

8. 〔清〕蒋坦著、张秋寒译：《秋灯琐忆》，中国友谊出版公司，2019年。

9. 〔清〕姚礼撰辑，周膺、吴晶点校：《郭西小志》，浙江工商大学出版社，2013年。

10. 〔清〕张廷玉等：《明史》，中华书局，1976年。

11. 马时雍编著：《杭州的水》，杭州出版社，2012年。

12. 宋传水、袁成毅主编：《杭州历代名人》，杭州出版社，2004年。

13. 杭州图书馆编：《西湖传说故事集成》，杭州出版社，2013年。

14. 蒋文欢等：《钱塘风雅》，杭州出版社，2019年。

15. 杭州市人民政府地方志办公室编：《杭州精览》，浙江人民出版社，2018年。

掬月流香 **HANG ZHOU**

16. 孙跃：《杭州的名人》，杭州出版社，2003 年。

17. 郑发楚、仲向平主编：《西溪名人》，杭州出版社，2013 年。

18. 王丽梅：《西溪雅士》，杭州出版社，2012 年。

19. 吴柏青主编：《杭州名人》，中国展望出版社，1990 年。

20. 周膺、吴晶：《西溪的宗教文化》，杭州出版社，2012 年。

21. 单金发编著：《西溪的水》，杭州出版社，2012 年。

22. 金永炎编著：《西溪的桥》，杭州出版社，2012 年。

23. 郑发楚主编：《西溪山坞》，杭州出版社，2013 年。

24. 林正秋：《杭州西溪湿地史》，浙江古籍出版社，2013 年。

25. 孙跃：《西湖的历史星空》，浙江大学出版社，2012 年。

26. 庞学铨：《品味西湖三十景》，杭州出版社，2013 年。

27. 林正秋：《西湖文化景观史研究》，浙江古籍出版社，2013 年。

28. 王国平主编：《西湖文献集成·西湖山水志专辑》，杭州出版社，2004 年。

29. 于在春选译、孙旭升注释：《西湖笔记小品选译》，上海文化出版社，1984 年。

30. 陆鉴三选注：《西湖笔丛》，浙江人民出版社，1981 年。

31. 倪其心、费振刚、胡双宝等选注：《中国古代游记选》，中国旅游出版社，1985 年。

32. 宋宪章：《人文荟萃话杭州》，东方出版中心，2015 年。

33. 梁新宇：《中国酒道文化》，汕头大学出版社，2017 年。

34. 许伟忠：《秦观传》，中华书局，2020 年。

35. 王水照、崔铭：《苏轼传》，人民文学出版社，2019 年。

36. 张静：《北宋书序文研究》，中国社会科学出版社，

2014 年。

37. 马焯荣:《中国宗教文学史》，中国社会科学出版社，2014 年。

38. 潘桂明:《中国佛教思想史稿》，江苏人民出版社，2009 年。

39. 韦恭隆:《杭州山水的由来》，商务印书馆，1971 年。

40. 张福祥编著:《杭州的山水》，地质出版社，1982 年。

41. 金永炎编著:《西溪隐红》，杭州出版社，2013 年。

42. 顾诚:《南明史（上）》，光明日报出版社，2011 年。

43. 浙江省农业和农村工作办公室等编著:《古村之美——浙江百村故事精选》，浙江大学出版社，2019 年。

44. 方寄傲编著:《唐史原来超有趣》，中国华侨出版社，2012 年。

45. 方培泉主编:《桐庐地名史话》，杭州出版社，2014 年。

46. 方培泉主编、王樟松编著:《画中桐庐》，西泠印社出版社，2015 年。

47. 顾志兴主编:《江上自古多才俊——三江两岸历史人物》，杭州出版社，2013 年。

48. 李琳琳编著:《四大名石故事》，吉林出版集团有限责任公司，2011 年。

49. 夏雪勤编著:《楼塔细十番》，浙江摄影出版社，2014 年。

50. 吴晓力主编:《一片树叶的传奇：茶文化简史》，九州出版社，2018 年。

51. 吴晞:《斯文在兹》，海天出版社，2014 年。